Die Alimentationspflicht der Ehegatten.

Von

Franz Scheppler

Dr. jur. et rer. pol.

München 1909.

J. Schweitzer Verlag (Arthur Sellier).

Vorwort.

Vorliegende Schrift enthält eine systematische Darstellung des gegenwärtigen Rechtszustandes der **Unterhaltspflicht der Ehegatten** mit besonderer Berücksichtigung der Literatur und Rechtsprechung.

Möge diese Abhandlung zum Verständnis der wichtigen Materie beitragen.

München, im Mai 1909.

Der Verfasser.

Inhaltsübersicht.

Literaturangabeverzeichnis.

Blätter für Rechtsanwendung.
Burmeister, Die Unterhaltspflicht des Ehegatten (1907).
Cosack, Lehrbuch des deutschen bürgerl. Rechts 4. Auflage (1904).
Davidson, Recht der Ehescheidung nach dem Bürgerl. Gesetzbuche (1900).
Dernburg, Deutsches Familienrecht (1903) IV. Bd.
Endemann, Lehrbuch des bürgerl. Rechts II. Bd. (1908).
Erler, Ehescheidungsrecht 2. Auflage (1900).
Fischer-Henle, Bürgerl. Gesetzbuch 7. Auflage (1906).
Freudenthal, Zivilprozeßordnung 2. Auflage (1905).
Gaupp-Stein, ZPO. 8./9. Auflage.
Hussarek, Die familienrechtliche Alimentation nach österreichischem Rechte.
Jacobi, Das persönliche Eherecht des Bürgerl. Gesetzbuchs 2. Auflage (1899).
Jaeger, Konkursordnung 3./4. Auflage.
Juristische Wochenschrift.
Kuhlenbeck, Bürgerl. Gesetzbuch II. Bd. 2. Auflage (1903).
Lehmann-Stobbe, Handbuch des deutschen Privatrechts, Familienrecht (1900).
Lotz, Unterhaltsanspruch der Ehegatten (1905).
Matthiaß, Lehrbuch des bürgerl. Rechts 2. Bd. 4. Auflage (1900).
Meisner, Das Bürgerliche Gesetzbuch, Familienrecht (4. Buch) (1905).
Motive zu dem Entwurfe eines Bürgerl. Gesetzbuches f. d. Deutsche Reich (1888).
Müller u. Meikel, Das bürgerl. Recht 2. Auflage (1904).
Neumann, Handausgabe des BGB. 2. Bd. 4. Auflage (1905).
Opet u. Blume, Familienrecht (1906).
Opet, Verwandtschaftsrecht (1899).
Petersen, Zivilprozeß Komm. (1906).
Planck, BGB. 4. Bd. 3. Auflage (1906).
Protokolle der Kommission für die 2. Lesung des Entwurfs des BGB. IV. Bd.
Rocholl, Das Eherecht des Bürgerlichen Gesetzbuches (1900).
Rspr. OLG. herausgegeben von Mugdan und Falkmann.
Scherer, Familienrecht (1900).
Seuffert, ZPO. 10. Auflage.
Schmidt, Familienrecht (1907).
Sporleder, Der Unterhaltsanspruch nach dem Bürgerl. Gesetzbuche (1901).
Staudinger, BGB. 3./4. Auflage (1908.)
Wieruszowski, Handbuch des Eherechtes (1900).
Zeitschrift für Rechtspflege in Bayern rc.

Kapitel I.

Der Unterhaltsanspruch im allgemeinen.

Die Alimentationspflicht der Ehegatten findet ihre Grundlage in der Ehe. Da sie vermöge ihres Ursprungs dem Privatrechte angehört, wurde ihre Regelung im Bürgerlichen Gesetzbuche vorgenommen.[1]) Der erste Abschnitt des vierten Buches „Bürgerliche Ehe" enthält nicht nur Vorschriften über die Unterhaltsverbindlichkeiten während der Ehe, sondern der Gesetzgeber hat auch in gewissen Fällen ihrer Auflösung „als Nachwirkung derselben" für die Alimentierung des Gatten Fürsorge getroffen.

Die Unterhaltspflicht der Ehegatten während der Ehe ist unter jenen Vorschriften aufgeführt, welche der fünfte Titel als „Wirkungen der Ehe im allgemeinen" bezeichnet. Damit wird zum Ausdruck gebracht, daß die Unterhaltsnormen für alle Ehen schlechthin gelten, ohne Rücksicht auf den sie jeweils beherrschenden Güterstand (6. Titel), welcher vom eigentlichen Wesen der Ehe losgelöst,[2]) der freien Vertragsbestimmung überlassen und daher in jedem Einzelfall besonders festzustellen ist.[3])

Während der § 1345 die Unterhaltspflicht der Ehegatten für einen Ausfluß ihres „Verhältnisses in vermögensrechtlicher Beziehung" erklärt, bezeichnet der Art. 199 EG. z. BGB. dieselbe als eine „persönliche Rechtsbeziehung" der Ehegatten. Dieser scheinbare Widerspruch findet seine Lösung in der Doppelnatur des Unterhaltsanspruchs. Seinem Gegenstande nach ist er nämlich auf eine vermögensrechtliche Leistung gerichtet und insofern obligatorischer Natur; sein Ursprung aber liegt in der Ehe, jener innigsten aller persönlichen Beziehungen und zeigt deshalb auch familienrechtlichen Charakter. Wie aber Ansprüche, die auf Grund eines dinglichen Rechtsverhältnisses entstehen, dem Sachenrecht angehören, so war die Regelung des Unterhaltsanspruches als einer familienrechtlichen Verbindlichkeit in das Familienrecht zu verweisen und empfängt bei dieser systematischen Stellung die richtige Beleuchtung.[4]) Die Wechselwirkung der dualistischen Natur des Unterhaltsanspruches offenbart sich in einem Ineinandergreifen der obligationen- und familienrechtlichen Grundsätze und zwar überwiegen während

---

[1]) Mot. IV 676.

[2]) cf. Jacobi, Das persönliche Eherecht S. 64.

[3]) Wieruszowski, Handbuch des Eherechtes I. Teil S. 2.

[4]) Mot. IV 677.

der Ehe die persönlichen die vermögensrechtlichen Normen, während nach Auflösung derselben das umgekehrte Verhältnis eintritt.

Abgesehen von den Rechtsätzen des Familien- und Obligationenrechtes wird die Alimentation unter Ehegatten durch anderweitige Bestimmungen des BGB. und sonstiger Reichsgesetze ergänzt. Unberührt bleiben auch die reichs- und landesgesetzlichen Vorschriften, die auf dem Gebiete des öffentlichen Rechtes ergangen sind. (EG. z. BGB. 32, 55, 103). Hervorgehoben zu werden verdient die Armengesetzgebung, der jedoch nur subsidiäre Bedeutung zukommt[1]) (cf. § 62 UnterstützungswohnsitzG. vom 6. Juni 1870 in der Fassung vom 12. März 1894; Art. 5, 6, 8 des bayer. ArmG. vom $\frac{\text{29. April 1869}}{\text{30. Juli 1899}}$). [2])

Kapitel II.

Die Unterhaltspflicht während der Ehe.[3])

Abschnitt I.

Rechtliche Natur der Unterhaltspflicht.

Wie bereits erwähnt, besitzt die Alimentationsverbindlichkeit eine dualistische Natur. Das Charakteristische des Unterhaltsanspruches während der Ehe im Gegensatz zu dem nach ihrer Auflösung zeigt sich in einem Überwiegen der familienrechtlichen Seite gegenüber der obligatorischen. Die strengen familienrechtlichen Grundsätze stehen beherrschend im Vordergrund, die freie obligatorische Regelung tritt zurück.

A) Familienrechtlicher Charakter.

I. Grundlage der Unterhaltspflicht.

Die durch die Eheschließung begründeten Pflichten der Ehegatten lassen sich nicht erschöpfend aufzählen.[4]) Der Gesetzgeber hat deshalb den Pflichtenkreis durch ein allgemeines Prinzip dahin umschrieben, daß er die Ehegatten zur „ehelichen Lebensgemeinschaft" verpflichtet erklärt. (1353 I.) Die Verpflichtung zur ehelichen Lebensgemeinschaft besteht sonach in einem Verhalten der Eheleute,

---

[1]) Mot. IV 676.

[2]) Es wird ferner verwiesen auf § 361 Ziff. 5, 10 StGB. mit Art. 81 bayer. PStGB. § 419 III StPO. § 1 II, 2 II RG. betr. die Entschädigung der im Wiederaufnahmeverfahren freigesprochenen Personen vom 20. Mai 1898. § 1 II, 3 II RG. betr. die Entschädigung für unschuldig erlittene Untersuchungshaft vom 14. Juli 1904.

[3]) Über das frühere Recht: siehe Literaturnachweise bei Staudinger § 1360 N. 1.

[4]) Schmidt N. 1 zu § 1353; Planck N. 1 zu § 1353.

das den Anforderungen eines richtigen Ehelebens entspricht.[1]) Maßgebend für jenes Verhalten soll, wie im Obligationenrecht Treu und Glauben (§ 242), so im Eherecht das sittliche Wesen der Ehe sein.[2]) Zu den wichtigsten Pflichten, die aus dem Postulate der ehelichen Lebensgemeinschaft entspringen, gehört, wie die Motive (IV 123, 126) ausdrücklich hervorheben, die gegenseitige Unterhaltspflicht der Ehegatten.

1. Damit wird die sittliche Verpflichtung der Eheleute, für den beiderseitigen Lebensbedarf zu sorgen, zur Rechtspflicht erhoben und daraus erklärt sich die zwingende Natur dieser Vorschriften.[3]) Verträge, welche zwischen den Subjekten der Alimentationspflicht zu dem Zweck geschlossen werden, um über diese Pflicht zu disponieren, haben darum nur solange Bedeutung, als die in ihnen ausbedungenen Leistungen im wesentlichen als Erfüllung der rechtlich-sittlichen Familienpflicht angesehen werden können.[4]) Daraus folgt einmal, daß Verträge (Vergleich, schiedsrichterliche Entscheidung §§ 794 I, 1025 ZPO.) unwirksam sind, sofern sie dem Unterhaltsgläubiger ein Weniger gegenüber den ihm kraft Gesetzes zukommenden Leistungen zuwenden.[5]) Dagegen sind selbstverständlich Vereinbarungen, durch welche der Unterhaltsanspruch über den Rahmen des § 1360 hinaus erweitert wird, rechtswirksam, soweit nicht nach Lage des einzelnen Falles ein Verstoß gegen die guten Sitten vorliegt.[6])

2. Die Alimentationspflicht der Ehegatten erscheint als eine gegenseitige oder wechselseitige.[7])

3. Wegen ihres eherechtlichen Ursprungs zeigt sie einen höchst persönlichen Charakter.[8]) Die Unterhaltsgewährung kennzeichnet sich nicht als eine allgemeinwertige, sozusagen fungible Leistung, sondern sie trägt ihre Zweckbestimmung, der Notdurft einer bestimmten Person zu dienen, für sie, aber auch nur für sie da zu sein, unabänderlich in sich.[9]) Daraus folgt, daß die Alimentenforderungen der Pfändung nicht unterworfen sind (850 I Nr. 2 ZPO.). Sie können nicht abgetreten (400) oder zum Gegenstand eines Nießbrauchs (1069 II) oder Pfandrechts (1274 II) gemacht werden; es findet ihnen gegenüber keine Aufrechnung (394) statt und ebensowenig

---

[1]) cf. Erler, Ehescheidungsrecht § 1 N. 1; vgl. Jacobi, Das persönliche Eherecht S. 63, 73; Müller und Meikel, Bürgerl. Recht § 313 N. 1.

[2]) Mot. IV 104.

[3]) Endemann Lehrbuch des BGB. S. 290 N. 3; Ehrlich zwingendes und nicht zwingendes Recht 177; Planck, Kommentar S. 94 N. 6; Cosack, Lehrbuch des BGB. II, 431; Müller und Meikel § 313 N. 1.

[4]) Hussarek S. 685.

[5]) Mot. IV 709; Opet, Kommentar N. 16 zu § 1360. Urteil des OLG. Darmstadt vom 18. Januar 1905. Recht 1905 S. 226.

[6]) RG. vom 25. September 1905. GruchotBeitr. Bd. 50 S. 378 f.; Staudinger zu § 1360 N. 10.

[7]) Stobbe-Lehmann § 276 N. 9.

[8]) Endemann § 169 b N. 21.

[9]) Hussarek 670.

gehören sie zur Konkursmasse des Forderungsberechtigten (§ 1 I KO.). All dies gilt nicht nur für den Anspruch auf Unterhaltsgewährung überhaupt, sondern auch für den Anspruch auf eine einzeln fällige Unterhaltsleistung.[1])

4. Der Umstand, daß die Unterhaltsverbindlichkeit in den personenrechtlichen Beziehungen der Familienzusammengehörigkeit wurzelt, ihre Verletzung also eine Lockerung oder gar Zerreißung des Familienbandes bedeutet, erweitert den Folgenbereich der Nichterfüllung über den bloßen Erfüllungs- und Entschädigungszwang hinaus. Versagung des Unterhalts kann als schwere Verletzung der durch die Ehe begründeten Pflichten gemäß § 1568 Scheidungsgrund sein.[2]) Ist bei Verletzung der Unterhaltspflicht des Mannes eine erhebliche Gefährdung der Alimentation für die Zukunft zu besorgen, so kann die Frau, um ihren Unterhalt zu sichern, Gütertrennung herbeiführen[3]) (1418 I Ziff. 2, 1468 Ziff. 3, 1542 I, 1549). Zu demselben Zweck kann die Frau im Falle der Gütertrennung ihren Beitrag zu den Kosten der Ehe zurückbehalten (1428). Weigert sich der unterhaltspflichtige Ehegatte, dem andern den Unterhalt in der durch die eheliche Gemeinschaft gebotenen Weise zu verabfolgen, so gibt er ihm die Befugnis, sich dieser Gemeinschaft zu entziehen und die im § 1361 bestimmten Ansprüche geltend zu machen.

II. Entstehung und Zweck der Unterhaltspflicht.

Die Ehe allein erzeugt noch nicht den Unterhaltsanspruch, sondern sie ist nur die Grundlage, auf welcher mit dem Eintritt gewisser Voraussetzungen der Anspruch auf Alimentation zur Entstehung kommt. Als Voraussetzungen für die gegenseitige Unterhaltsverbindlichkeit der Ehegatten kommen die Leistungsfähigkeit des Verpflichteten und, soweit es sich um die Unterhaltspflicht der Frau handelt, die Bedürftigkeit des Mannes in Betracht. Solange diese Voraussetzungen nicht vorliegen, besteht nur eine Aussicht, eine rechtliche Möglichkeit, für den Unterhalt aufkommen zu müssen.[4]) Aber auch wenn diese Voraussetzungen eingetreten sind, behandelt das Gesetz den Unterhaltsanspruch nicht als eine einheitliche Obligation, welche, einmal entstanden, solange fortdauert, bis die eine oder andere Voraussetzung weggefallen, sondern als einen Anspruch, welcher, wie

---

[1]) Ebenso Wieruszowski, Eherecht S. 115 ff.; Planck, Kommentar zum BGB. Vorbem. V, 4; a. A. Spahn S. 60 ff; Staudinger vor § 1601 N. 10 f.

[2]) Staudinger N 2c γ zu § 1568. RG. vom 28. Februar 1901 und 11. März 1901, JW. 1901 S. 293 ff. S 324; Wieruszowski S. 100.

[3]) Opet, Kommentar S. 459; Schmidt, Kommentar S. 168.

[4]) Mot. IV, 677; a. A. Opet, Verwandtschaftsrecht S. 113 ff., der ein doppeltes Stadium für die Unterhaltspflicht unterscheidet: ein Betätigungsstadium, solange die Befugnis zum Verlangen der Unterhaltsleistungen besteht und ein Stadium der Latenz, währenddessen jene Befugnis mangelt; ebenso Hussarek, Die familienrechtliche Alimentation nach österreichischem Rechte Bd. 20 S. 664. — Mit Recht gegen die Opetsche Ansicht: Staudinger vor § 1601 N. 2; Opet, Kommentar S. 456.

die sittliche Pflicht, auf welcher er beruht, fort und fort sich erneuert, solange jene Voraussetzungen begründet sind.[1])

Die Unterhaltsleistung verfolgt den Zweck, dem Bedürftigen die zur Fristung seiner Existenz notwendigen Mittel zu gewähren; der Unterhalt kann begrifflich nur auf Gewährung desjenigen Unterhaltes gehen, dessen der Alimentand im Augenblicke seiner Geltendmachung oder für die Zukunft bedarf.[2])

1. Die Forderung kann sich also nicht auf Gewährung desjenigen Unterhalts erstrecken, dessen der Bedürftige in der Vergangenheit zur Aufrechterhaltung seiner Lebensstellung oder seiner notwendigen Existenz benötigt hätte. Das Wesen der Alimentation schließt prinzipiell die Geltendmachung eines Unterhaltsanspruches für die Vergangenheit aus („in praeteritum non vivitur")[3]) (1360 III mit 1613).

2. Aus der Zweckbestimmung der Alimentation ergibt sich auch, daß eine Vorausleistung keine Befreiung des Unterhaltsschuldners von den später zur Erstehung kommenden Unterhaltsverbindlichkeiten bewirkt. Wenn daher der Unterhaltsgläubiger die ihm zum Zweck der Befriedigung künftiger Bedürfnisse gewährten Mittel schon vor Eintritt dieser Bedürfnisse verbraucht oder einbüßt, so muß der Schuldner „bei erneuter Bedürftigkeit des Berechtigten" nochmals leisten.[4]) Anders liegt die Sache jedoch dann, wenn die Vorausleistung nur insoweit erfolgt, als der Verpflichtete gesetzlich dazu verpflichtet war. Durch eine Vorausleistung wird nämlich bei erneuter Bedürftigkeit des unterhaltsberechtigten Ehegatten der Unterhaltsverpflichtete, falls die Zahlung einer Geldrente in Frage steht, nur für drei Monate, bei Naturalleistung nur für einen den Umständen nach angemessenen[5]) Zeitabschnitt befreit (§ 1614 II mit 1360 III). Letzteres um deswillen, weil der Verpflichtete leicht versucht sein kann, den Zeitabschnitt möglichst weit zu bemessen, um auf geraume Zeit die Unterhaltsverpflichtung los zu werden.[6])

3. Für die Zukunft kann auf den Unterhalt nicht (auch nicht gegen Entgelt[7]) verzichtet werden (1614 I mit 1360 III).

4. Der Unterhaltsanspruch ist der Verjährung nicht unterworfen, soweit künftige Leistungen in Frage stehen (§ 194 II).[8])

5. Im Konkurs des unterhaltspflichtigen Ehegatten kann der Alimentenanspruch für die Zukunft d. h. für die Zeit nach Eröffnung des Verfahrens, grundsätzlich nicht geltend gemacht werden (§ 3 II KO.). Da in jedem Augenblick beim Zutreffen der erforderlichen tatsächlichen Voraussetzungen der Unterhaltsanspruch neu ent-

---

[1]) Mot. IV, 677, 256 RG. 4 [310]; a. A. Opet, Verwandtschaftsrecht S. 114.
[2]) Opet, Verwandtschaftsrecht S. 96.
[3]) Mot. IV, 705, 692, Prot. IV 497; Hussarek 665; Wieruszowski 100.
[4]) Mot. IV, 709.
[5]) Cosack § 291 N. 17.
[6]) cf. Lotz, Unterhaltsanspruch der Ehegatten S. 50.
[7]) Entsch. d. RG. vom 28. September 1905, JW. 1905 S. 682.
[8]) Mot. IV, 711.

steht, so hat der Bedürftige für die Zukunft keine erworbenen Rechte auf Gewährung des Unterhalts, insbesondere auch keine bedingten Forderungsrechte.[1]) Ja selbst in denjenigen Fällen, in denen der Anspruch auf künftige Unterhaltsrate bei Konkurseröffnung bereits fällig ist, weil die Vorauszahlungsfrist zu dieser Zeit schon begonnen hat (760 III, 1361 I), wird dem Rentenanspruch für die Zeit nach Konkurseröffnung durch die positive Vorschrift des § 3 II die Natur einer Konkursforderung versagt. Dafür aber ist der unterhaltsberechtigte Ehegatte in Ansehung der zukünftigen Ansprüche weder den Beschränkungen eines Zwangsvergleichs noch denen des § 14 KO. unterworfen.[1])

6. Der Unterhaltsanspruch charakterisiert sich als ein „wiederkehrender" Anspruch. Daraus ergibt sich, daß eine Verurteilung des Verpflichteten auch zu erst künftig fällig werdenden Alimenten erfolgen kann (§ 258 ZPO.).[2])

7. Der Unterhaltsanspruch ist abhängig von „veränderlichen" Voraussetzungen und auch insofern muß man sagen, daß er sich fort und fort erneuert. Es kann eine Besserung in der Vermögenslage oder in der Erwerbsfähigkeit des Unterhaltsberechtigten, es kann eine Verschlechterung der Leistungsfähigkeit des Unterhaltspflichtigen eintreten. Es kann eine Änderung der Unterhaltsgewährung dadurch herbeigeführt werden, daß sich der Alimentierte einer sittlichen Verfehlung schuldig macht, die den Anspruch des Bedürftigen auf die Gewährung des notdürftigen Unterhalts beschränkt und wieder eine Änderung durch Verzeihung sich vollziehen, wodurch dann der Anspruch auf den bisher gewährten Unterhalt erwächst. Die einmal erfolgte Normierung des Unterhaltsmaßes (durch einseitige Festsetzung, Vertrag oder rechtskräftiges Urteil) kann daher keinen die Ehegatten für immer bindenden Zustand begründen.[3]) Beruht die Festsetzung des Unterhaltsmaßes auf einseitiger Bestimmung oder Vertrag, so kann der unterhaltspflichtige Ehegatte auf Erleichterung der Unterhaltslast, der unterhaltsberechtigte Teil auf Erweiterung der ihm gebührenden Leistungen von dem Zeitpunkt an bestehen, in welchem die Änderung der für den Umfang der Unterhaltspflicht maßgebenden Verhältnisse herbeigeführt wurde.[4]) Tritt nach rechtskräftiger Verurteilung zur Unterhaltsleistung eine wesentliche Änderung derjenigen Verhältnisse ein, welche für die Verurteilung maßgebend waren, so ist jeder Teil berechtigt, eine entsprechende Abänderung des Urteils für die Zeit nach Erhebung der Klage zu verlangen (§ 323 ZPO.).[5])

---

[1]) cf. Jäger, KO. zu § 3 N. 31 ff., Mot. IV, 708.
[2]) Mot. IV, 707.
[3]) Wieruszowski 91.
[4]) cf. Opet, Verwandtschaftsrecht 95, 96.
[5]) Über die „Natur" des 323. (Mendelssohn-Bartholdy in BlfRA. 1908 S. 813.)

III. Erlöschen der Unterhaltspflicht.

1. Der Unterhaltsanspruch erlischt mit dem Fortfallen seiner Voraussetzungen (Leistungsfähigkeit, Bedürftigkeit).[1])

2. Aus der personenrechtlichen Grundlage und der Zweckbestimmung des Alimentenanspruches folgt, daß derselbe mit dem Tode des „Berechtigten" erlöschen muß (§ 1615 I mit § 1360 III).[2]) Der Tod beseitigt indessen die Forderung nur insoweit, als Leistungen in Frage kommen, die erst nach seinem Eintritt fällig geworden wären.[3])

3. Nicht minder entspricht es der persönlichen Grundlage des Unterhaltsanspruches, daß der letztere mit dem Tode des „Verpflichteten" wegfällt und auf die Erben nicht übergeht[4]) (1360 III mit 1615 I). Für das Unterhaltsbedürfnis der Berechtigten ist dadurch Sorge getragen, daß ihm ein gesetzliches Erbrecht (1931) zusteht.

Der Ausschluß der Vererbung rechtfertigt sich auch durch den individuellen Charakter der die Unterhaltspflicht begründenden Voraussetzungen, die nicht ohne weiteres bei dem Rechtsnachfolger der betreffenden Beteiligten als vorhanden angenommen werden dürfen.[5])

B) Vermögensrechtlicher Charakter.

Die obligatorische Natur des Unterhaltsanspruches zeigt sich bei nachstehenden sog. uneigentlichen[6]) Alimentationsansprüchen, welche nicht die oben geschilderten Eigenschaften eines wahren Unterhaltsanspruches besitzen. Denn sie sind von ihrer Zweckbestimmung, der Erhaltung einer bestimmten Person und der Befriedigung ihrer Bedürfnisse zu dienen, losgelöst und nur die rein vermögensrechtliche Leistung bleibt übrig.[7])

1. Da die strenge Durchführung des Ausschlusses aller Unterhaltsansprüche für die Vergangenheit die unerwünschte Folge hätte, geradezu wie eine Prämie auf möglichste Nichtinnehaltung der Unterhaltspflicht zu wirken,[8]) so kann ausnahmsweise für die Vergangenheit Erfüllung des Unterhaltsanspruches, oder wenn dieser (wie regelmäßig bei der Naturalleistung) nicht mehr möglich ist, Schadensersatz wegen Nichterfüllung (249 ff. 280 ff.) verlangt werden, wenn der Verpflichtete in Verzug gekommen ist (284 ff.) oder wenn der Unterhaltsanspruch rechtshängig geworden ist[9]) (263, 281, 693 ZPO.) § 1613. Ist dem Unterhaltsberechtigten durch den Verzug des Verpflichteten noch ein weiterer Schaden erwachsen, so kann

---

[1]) Wieruszowski 123, Opet 94.
[2]) Mot. IV, 710.
[3]) Opet 106.
[4]) Mot. IV, 710.
[5]) Mot. IV, 710, Opet 106; Hussarek S. 672.
[6]) Opet, Kommentar 459; Fischer-Henle § 1613 N. 4.
[7]) Ähnlich Wieruszowski S. 102.
[8]) Opet, Verwandtschaftsrecht S. 94.
[9]) Mot. IV, 706.

er auch hiefür nach Maßgabe des § 286 Ersatz verlangen.[1]) Ebensowenig werden natürlich die dem Berechtigten gegen den Verpflichteten auf Grund der Bestimmungen über Geschäftsführung ohne Auftrag (siehe insbesondere §§ 678, 679, 683) oder ungerechtfertigte Bereicherung (812 ff.) etwa zustehenden Ansprüche durch § 1613 ausgeschlossen.

Vermöge der obligatorischen Natur dieses Unterhaltsanspruches gilt folgendes:

Ein Verzicht auf den Unterhalt für die Vergangenheit ist zulässig. Ansprüche aus § 1613 sind aktiv und passiv vererblich.[2]) Unterhaltsansprüche für die Vergangenheit sind von der Geltendmachung im Konkurse nicht ausgeschlossen.[3]) Die vor der Konkurseröffnung fällig gewordenen Alimente können, soweit sie auf die Zeit bis zum Tage der Konkurseröffnung entfallen, auch im Konkurse des unterhaltspflichtigen Ehegatten angemeldet werden. Sie sind den Vorschriften der §§ 14, 193 KO. unterworfen. Rückständige Beträge verjähren in vier Jahren[4]) (§ 197, 201); doch ist die Verjährung solcher Ansprüche zwischen Ehegatten, solange die Ehe besteht, gehemmt (204). Die Verjährung wird unter den im § 209 bezeichneten Voraussetzungen unterbrochen. Der Anspruch auf die einzelne Leistung unterliegt der kurzen Verjährung auch nach rechtskräftiger Feststellung der Verpflichtung der Unterhaltsgewährung (218 II). Rückständige, nicht erhobene Alimente können abgetreten, gepfändet, verpfändet werden. Die Aufrechnung gegen dieselben ist statthaft.[5])

Dieselben Eigentümlichkeiten zeigen sich bei den folgenden unter Ziff. 2 und 3 aufgeführten Ansprüchen:

2. Das Gesetz kennt in § 1607 II S. 2 einen Fall, in dem der Unterhaltsanspruch aus §§ 1360, 1361 kraft Gesetzes auf einen Dritten übergeht. Ebenso kann sich eine cessio legis der Unterhaltsansprüche auf den Armenverband vollziehen.[6]) Die kraft Gesetzes übergehenden Ansprüche haben immer eine Alimentengewährung für die Vergangenheit zum Inhalt, denn der Rechtsübergang setzt voraus, daß Armenverband und Verwandte den Unterhalt verabfolgt haben. Es handelt sich also immer um Nachleistungs- oder Entschädigungsforderungen, die nur innerhalb der Grenzen des § 1613 geltend gemacht werden können.[7]) In der Hand des neuen Gläubigers verliert der übergegangene

---

[1]) Mot. IV, 707; Staudinger § 1613 N. 3.

[2]) Mot. 711.

[3]) Jäger, Kommentar zur K.O. 3./4. Aufl. N. 40 und 41 zu § 3; Staudinger § 1613 N. 5. Motive 708.

[4]) Mot. 711.

[5]) Sehr bestritten: Gleicher Ansicht sind Davidson, Das Recht der Ehescheidung S. 130, 145. Motive IV, 706; Fischer-Henle, N. 4 zu 1613; Engelmann, § 1613 N. 6; a. A. Staudinger, Vorbem. zu § 1601 N. 10 f.; Wieruszowski S. 116 f. und die dort zitierte Literatur.

[6]) Staudinger a. a. O. § 1613 N. 4.

[7]) So auch Prot. IV, 490 a. E.; Opet a. a. O. 119; Engelmann § 1607 N. 4.

Anspruch den Charakter einer Unterhaltsforderung. Er verwandelt sich in einen Anspruch auf Ausgleichung der ungerechtfertigten Bereicherung, die dem nächst verpflichteten Unterhaltsschuldner durch das Eingreifen des Armenverbandes und des nach § 1607 herangezogenen Verwandten erwachsen war.[1])

3. Der Unterhaltsanspruch bleibt beim Tode des Berechtigten oder Verpflichteten in Kraft, soweit er sich auf Erfüllung oder Schadensersatz wegen Nichterfüllung für die Vergangenheit bezieht (§ 1615 I mit 1360 III). Das gleiche gilt für die im voraus zu bewirkenden Rentenbeträge, die zur Zeit des Todes eines Beteiligten fällig sind, sohin als erworben gelten.[2]) Bezüglich dieser Ansprüche hat der Erbe des Pflichtigen dem Bedürftigen in gleichem Umfange wie der Pflichtige selbst, aufzukommen; es vermag der Erbe des Bedürftigen den Pflichtigen in gleicher Weise, wie der Bedürftige selbst, zu belangen.

4. Eine Besonderheit bietet der § 1615 II mit 1360 III. Hienach hat im Falle des Todes des Berechtigten der Verpflichtete die Kosten der Beerdigung zu tragen, soweit ihre Bezahlung nicht von dem Erben zu erlangen ist. Da die Unterhaltsgewährung einen Aufwand darstellt, der zur Erhaltung des Lebens und zur Abwendung der Bedürftigkeit verabreicht wird, so ist es begrifflich unmöglich, die Bestattungskosten als Bestandteil der Alimente hinzustellen.[3]) Trotzdem hängt die Beerdigungspflicht mit der Unterhaltspflicht aufs innigste zusammen. Es erscheint nicht nur die Sorge für die Existenz des ohne Unterstützung dem Untergang Verfallenen als ein Gebot der Sittlichkeit, sondern „die aus dem Familienbande resultierende sittliche Pflicht"[4]) erstreckt sich noch über den Tod des Bedürftigen hinaus.[5]) Es finden daher auf die Bestattungspflicht die Regeln des wahren Unterhaltsanspruches Anwendung; demnach wäre beispielsweise ein Verzicht des Berechtigten wirkungslos.[6])

Abschnitt II.

Die Unterhaltspflicht im einzelnen (§ 1360, 1361).

Die Grundlage für die gegenseitige Unterhaltspflicht der Ehegatten bildet das Bestehen einer gültigen Ehe (§ 1317). Gemäß Art. 199 EG. z. BGB. bemißt sich von dem Inkrafttreten des BGB. an die Unterhaltspflicht der Ehegatten auch für die in diesem Zeitpunkt bereits bestehenden Ehen nach den Vorschriften des

---

[1]) Wieruszowski a. a. O. S. 118, 119; Opet, Verwandtschaftsrecht 115, 116.

[2]) Mot. IV, 711

[3]) Hussarek S. 660; Staudinger § 1615 N. 2.

[4]) Mot. IV, 699.

[5]) Opet, Verwandtschaftsrecht 121 ff.

[6]) Hussarek S. 660.

BGB.[1]) Sind die Ehegatten Deutsche, so beurteilen sich ihre persönlichen Beziehungen, insbesondere die Unterhaltspflicht, nach deutschen Gesetzen, auch wenn sie ihren Wohnsitz im Auslande haben (Art. 14 l. c.). Dagegen der Alimentenanspruch der im Inlande wohnenden ausländischen Ehegatten wird nach den Gesetzen beurteilt, die ihr nationales Recht für anwendbar erklärt.[2])

A) Regelfall: Die Unterhaltspflicht der in häuslicher Gemeinschaft lebenden Ehegatten (§ 1360).

Die Unterhaltspflicht der Ehegatten entspringt aus dem Postulate der ehelichen Lebensgemeinschaft. Von dem Begriffe der ehelichen Gemeinschaft ist die häusliche Gemeinschaft zu sondern.[3]) Bei ihr handelt es sich um das räumliche Beisammenwohnen in vereinigter Haushaltungs- und Lebensfürsorge.[4]) Die eheliche Gemeinschaft schließt zwar in der Regel die Hausgemeinschaft ein,[5]) wird aber durch deren Aufhebung (cf. § 1361) nicht notwendig beeinträchtigt; denn die Pflicht zur Durchführung eines gemeinsamen Hausstandes ist lediglich ein Teil der durch die eheliche Lebensgemeinschaft begründeten Pflichten.[6]) Die Verpflichtung zur häuslichen Gemeinschaft bildet eine wesentliche Voraussetzung zur vollen Verwirklichung der ehelichen Lebensgemeinschaft.[7])

Eine voraussichtlich vorübergehende Sistierung der häuslichen Gemeinschaft — z. B. Aufenthalt eines Gatten in einer Kranken- oder Gefangenenanstalt; der Mann unternimmt eine mehrjährige Forschungsreise;[8]) die Frau verdingt sich als Dienstbote; ein Künstlerpaar verabredet, daß jeder Ehegatte an einem anderen Orte ein Engagement annehmen soll; — stellen noch keine Aufhebung der Hausgemeinschaft dar;[5]) zur Aufhebung der häuslichen Gemeinschaft gehört die mit dem „animus non revertendi“ erfolgte Trennung der Ehegatten von der bisherigen Haushaltungsgemeinschaft. Für die Richtigkeit dieser Ansicht spricht das im § 1358 normierte Kündigungsrecht des Mannes, welches das Fortbestehen der häuslichen Gemeinschaft zur notwendigen Voraussetzung hat; denn „solange die häusliche Gemeinschaft aufgehoben ist, steht das Kündigungsrecht dem Manne nicht zu“ (§ 1358 II S. 3). Nicht ausgeschlossen ist also die Rechtswirksamkeit eines Vertrags unter Ehegatten, inhaltlich dessen sie vereinbaren, aus besonderen Gründen eine bestimmte

---

[1]) cf. Jacobi, Das persönliche Eherecht S. 79.

[2]) Fischer-Henle, Kommentar zum BGB N. 2 zu Art. 14 EG z. BGB.

[3]) Endemann, Lehrbuch des BGB. zu § 169a N. 1.

[4]) cf. OLG. II, 329. (OLG. Karlsruhe vom 17. Oktober 1900).

[5]) Planck a. a. O. zu § 1353 N. 1, RG. in JW. 1901 S. 294.

[6]) Häusliche Gemeinschaft ist ein wesentlich engerer Begriff als eheliche Gemeinschaft. Doch wird in einem Urteil auf eheliche Gemeinschaft in der Regel zugleich das Gebot der häuslichen Gemeinschaft zu finden sein. So Dernburg a. a. O. § 26 N. 16.

[7]) Opet, Kommentar zu § 1356 N. 2, § 1358 N. 7a.

[8]) Bloßes Verreisen hebt nicht die häusliche Gemeinschaft auf. RG. vom 18. November 1901 in JW. 1902 S. 14; Kuhlenbeck § 1353 N. 1b.

Zeitlang getrennt zu leben.[1]) Dagegen wäre unzulässig jede vertragsmäßige Bindung, durch welche der Anspruch auf Herstellung der häuslichen Gemeinschaft auf eine fest bestimmte Zeit schlechthin oder dauernd ausgeschlossen werden sollte, wenn also die Ehegatten „Aufhebung der häuslichen Gemeinschaft" vereinbaren würden. Ein solcher Vertrag, der einem Verzicht auf das Recht der häuslichen Gemeinschaft gleichkommen würde, wäre ungültig, weil er gegen das Gebot der Verpflichtung zur häuslichen Gemeinschaft verstößt[2]) (1353 I, 134, 138).

I. Voraussetzungen.

1. Die Unterhaltspflicht des Mannes folgt aus dem Grundsatz, daß der Ehemann die ehelichen Lasten zu tragen hat.[3]) Voraussetzung des Unterhaltsanspruches der Frau ist, daß der Mann „nach Maßgabe seines Vermögens und seiner Erwerbsfähigkeit" den Unterhalt zu leisten imstande ist (1360 I). Die Unterhaltspflicht des Mannes findet demnach in der Leistungsfähigkeit desselben[4]) ihre Grenze. Der Mann muß, was er hat, nicht nur seine Einkünfte mit der Frau teilen, mag es nur für den beiderseitigen standesmäßigen oder nur für den notdürftigen Unterhalt genügen oder selbst nicht für diesen ausreichen. Im Gegensatz zu § 1603 I ist ein Abzug des eigenen standesmäßigen Unterhalts von Seite des unterhaltspflichtigen Ehegatten nicht erlaubt; dieser Unterschied gründet sich in dem sittlichen Wesen des ehelichen Verhältnisses. Voraussetzung des Unterhaltanspruches der Frau ist nur die Leistungsfähigkeit des Mannes, nicht aber, wie beim Unterhaltsanspruch der Verwandten (1602), die Bedürftigkeit der Frau.[5]) Der Mann muß der Frau auch dann Unterhalt gewähren, wenn die Frau eigenes Vermögen besitzt und davon ihren Unterhalt bestreiten könnte.

2. Die Unterhaltspflicht der Frau setzt voraus, daß der Mann „außerstande ist, sich selbst zu unterhalten" (1360 II). Sie ist mithin eine subsidiäre.[6]) Bedürftigkeit des Mannes liegt vor, wenn er vermögenslos und erwerbsunfähig ist. Der Mann ist erwerbsunfähig, soweit er zur Bestreitung des Unterhalts aus dem Ertrag einer seiner Lebensstellung entsprechenden Beschäftigung nicht imstande ist. Der Vermögenslosigkeit steht es gleich, wenn

---

[1]) Staudinger a. a. O. zu § 1353 N. 6, § 1354 N. 5. Urteil des RG. vom 1. Oktober 1901 JW. 1901 S. 781 ff., OLG. Frankfurt vom 9. Juni 1903 Rspr. d. OLG. Bd. 7 S. 458 ff.

[2]) Endemann a. a. O. § 169a N. 16. RG. in JW. 30 186 und JW. 34 687; RG. 61 58; RG. in Gruchot 50, 378; Lehmann, Unterlassungspflicht nach BGB. (1906) 152; v. Baligand, Ehevertrag (1906) 52.

[3]) Mot. IV, 123; Planck N. 1a zu § 1360; Schmidt zu § 1360 N. 2a. Urteil des RG. vom 19. November 1900 JW. 1900 S. 849 ff.

[4]) cf. Müller und Meikel a. a. O. § 316.

[5]) Fischer-Henle N. 1 zu § 1360; Jacobi, Das persönliche Eherecht S. 75.

[6]) Mot. IV, 126.

das Vermögen des Mannes aus irgendwelchen Gründen zur Bestreitung des Unterhalts nicht verwendet werden kann. Aus dem sittlichen Wesen der ehelichen Gemeinschaft ergibt sich aber, daß die Unterhaltspflicht der Frau nicht erst dann gegeben ist, wenn der Mann völlig vermögenslos und erwerbsunfähig ist, sondern schon dann, wenn er bei einer den Pflichten eines guten Haus- und Familienvaters entsprechenden Verwendung seiner Mittel nicht imstande ist, sich selbst und seine Familie in einer seiner Lebensstellung entsprechenden Weise zu unterhalten.[1])

Keine Rolle spielt es, auf welche Weise die Unfähigkeit des Mannes, sich selbst zu unterhalten, entstanden ist; ohne Belang ist es insbesondere, ob sittliches Verschulden den Grund hiezu bildet.[2]) Die Vorschrift des § 1611 I, welche für den Unterhaltsanspruch der Verwandten gilt, ist nicht auf die eheliche Unterhaltspflicht für anwendbar erklärt.[3]) Es rechtfertigt sich dies aus dem innigen Verhältnis der Ehegatten zueinander.

Die Unterhaltspflicht der Frau ist weiterhin bedingt durch ihre Leistungsfähigkeit, nicht aber dadurch, daß die Frau selbst den standesmäßigen Unterhalt hat. Auch die Frau muß, wenn sie unterhaltspflichtig ist, mit dem Mann alles, was sie besitzt, teilen und unter Umständen den Stamm ihres Vermögens angreifen.[4])

Für die Frage, ob die minderjährige Frau (cf. 1303 I) dem Mann gegenüber zur Gewährung des Unterhaltes imstande ist, kommt die dem Inhaber der elterlichen Gewalt nach §§ 1661, 1686 allenfalls noch zustehende Nutznießung am Vermögen der Ehefrau nicht in Betracht, d. h. sie muß den Unterhalt gewähren, als stünde die Nutznießung ihr selbst zu (1360 III mit 1605).[5])

II. Das Maß.

1. Bestimmend für das Maß des der Frau zu gewährenden Unterhalts ist sowohl die Lebensstellung des Mannes, d. h. seine berufliche und gesellschaftliche Stellung, an welcher die Frau teilnimmt, als auch seine Leistungsfähigkeit, welche sich nach den Vermögens- und Erwerbsverhältnissen des Mannes bemißt [6]) Da sich das Maß des zu gewährenden Unterhalts nicht nach der Lebensstellung der Frau richtet, hat die Frau auch keinen Anspruch auf standesmäßigen Unterhalt (cf. 1610 I).[7]) Der Mann ist sogar zur Gewährung des notdürftigen Unterhalts nur nach Maßgabe seiner Leistungsfähigkeit verpflichtet und der Unterhalt der Frau geht dem eigenen Unterhalt des Mannes nicht vor.

---

[1]) Mot. IV, 126.

[2]) Dernburg, Familienrecht § 36 III.

[3]) Ebenso Urteil des RG. vom 28. September 1903, 16. Februar 1905 JW. 1905 S. 203 f.

[4]) Mot. IV, 126; Planck N. 2a zu § 1360; Fischer-Henle N. 4 zu § 1360.

[5]) Staudinger zu § 1360 N. 5a; Kuhlenbeck BGB. § 1360 N. 1.

[6]) Wieruszowski S. 86; Endemann § 169b N. 14.

[7]) Schmidt zu § 1360 N. 2c.

2. Das Maß der Unterhaltspflicht, welches die Frau dem Manne schuldet, richtet sich einerseits nach der Bedürftigkeit und Lebensstellung des Mannes (nicht der Frau cf. 1610), andrerseits nach der Leistungsfähigkeit der Frau.[1]) Der Maßstab des Bedürftigkeitsgrades ist hiebei in erster Linie zu berücksichtigen; denn soweit sich der Mann selbst zu unterhalten vermag, fehlt es an der Voraussetzung für die Unterhaltspflicht der Frau überhaupt. Gewähren dem Manne eigene Mittel und eigener Erwerb die Möglichkeit, seinen Lebensbedarf wenigstens teilweise zu bestreiten, so beschränkt sich die Unterhaltspflicht der Frau auf die Deckung des fehlenden.[2])

Was endlich das Verhältnis der Maßstäbe: „Lebensstellung des Mannes“ und „Leistungsfähigkeit“ anlangt, so ist zu sagen, daß der unterhaltsberechtigte Ehegatte (Frau oder Mann) eine Unterhaltsleistung nicht fordern kann, die über das durch die Lebensstellung des Mannes gebotene Maß hinausgeht.[3]) Der Maßstab der Leistungsfähigkeit kann also immer nur beschränkend auf den Maßstab der Lebensstellung des Mannes einwirken, m. a. W. innerhalb des durch die Lebensstellung des Mannes gebotenen Maßes findet die Unterhaltspflicht nur eine Grenze in der Leistungsfähigkeit des in Anspruch Genommenen.[4])

3. Die Unterhaltsverpflichtung des Ehegatten beschränkt sich auf das Recht, lediglich den notdürftigen Unterhalt zu gewähren, wenn der unterhaltsbedürftige Ehegatte sich einer Verfehlung schuldig gemacht hat, die den anderen Teil berechtigen würde, ihm den Pflichtteil zu entziehen (§ 1611 II).[5])

Nach § 2335 kann der Erblasser dem Ehegatten den Pflichtteil entziehen, wenn dieser sich einer Verfehlung schuldig macht, auf Grund deren der Erblasser nach §§ 1565—1568 auf Scheidung zu klagen befugt sein würde. In solchen Fällen genügt also der Ehegatte seiner Unterhaltspflicht durch die Gewährung der gerade zur Fristung des Lebens hinreichenden Fürsorgeleistungen. Erlischt das Recht zur Entziehung des Pflichtteils nach § 2337 durch Verzeihung, so fällt auch die Beschränkung auf den notdürftigen Unterhalt weg.[6])

III. Umfang der Unterhaltspflicht.

Der Umfang der Verpflichtung zur Unterhaltsgewährung bestimmt sich nach dem Zweck derselben, dem Bedürftigen dasjenige zu bieten, was zur unmittelbaren Fortsetzung seines eigenen, persönlichen Daseins notwendig ist; sie schließt demnach alles aus, was diesem Zweck nicht dient.[7])

---

[1]) Planck zu § 1360 N. 26.
[2]) Wieruszowski 87.
[3]) RG. 17 [360].
[4]) Neumann, BGB. zu § 1360 N. 2.
[5]) Staudinger zu § 1360 N. 6c.
[6]) Planck zu § 1611 N. 1b.
[7]) Opet, Verwandtschaftsrecht S. 87.

Den Inhalt der ehelichen Unterhaltspflicht bildet (wie nach § 1610 II beim Unterhaltsanspruch der Verwandten) die Gewährung des gesamten Lebensbedarfs.[1]) Was dazu gehört, bestimmt sich nach den individuellen Verhältnissen der Beteiligten. Ohne Zweifel wird hierzu außer Nahrungsmitteln, Kleidung, Wohnung, Heizung,[2]) Beleuchtung die Verbindlichkeit zur Tragung der Krankheits- und Kurkosten zu rechnen sein.[3]) Die Unterhaltsverpflichtung erleidet dadurch keine Änderung, daß sich ein Ehegatte in Straf- oder Untersuchungshaft befindet; das rechtfertigt sich aus dem Wesen der Ehe, durch welche sich die Ehegatten für die guten und schlechten Tage miteinander verbunden haben.[4])

Dagegen gehören die Kosten der Verteidigung der Ehefrau in einem gegen sie gerichteten strafrechtlichen Verfahren und die sonstigen Kosten des letzteren nicht zum Unterhalt der Frau. Ein Bedürfnis, die Unterhaltspflicht des Ehemannes in dieser Hinsicht positiv zu erweitern, ist umso weniger vorhanden, als der Staat, wenn die Verteidigung notwendig ist, durch Bestellung eines Verteidigers für dieselbe von Amts wegen sorgt und der Angeklagte die Kosten der Verteidigung in diesem Falle nur, wenn er verurteilt wird, zu tragen hat (§ 140, 141, 150 StPO.).[5]) Auch die Kosten eines von der Frau geführten Rechtstreits gehören nicht zu den vom Ehemann auf Grund seiner Unterhaltspflicht zu bestreitenden Kosten. Da die Frau prozeßfähig ist (51 II ZPO.) und der Ehemann sie daher an der Führung von Prozessen nicht hindern kann, so würde eine Bestimmung, welche ihm die Verpflichtung auferlegt, die Kosten eines von der Ehefrau geführten Rechtstreits dieser gegenüber zu tragen, zu einer großen Härte gegen den Ehemann führen. Übrigens ist auch hier die prozessuale Verfolgung von Rechten der Frau durch die Vorschriften über das Armenrecht (§§ 114 ff. ZPO.) gewährleistet. Inwieweit der Mann die Kosten der Verteidigung der Ehefrau in einem gegen sie gerichteten strafrechtlichen Verfahren und die sonstigen Kosten des letzteren, sowie die Kosten eines von der Ehefrau geführten Rechtsstreites aus eigenen Mitteln zu bestreiten oder doch die Befriedigung wegen jener Kosten aus dem Vermögen der Ehefrau zu dulden verpflichtet ist, ergibt sich aus den besonderen Bestimmungen des ehelichen Güterrechtes.[6]) Ebensowenig gehört die Leistung eines Kostenvorschusses für Prozesse

---

[1]) Staudinger N. 3 zu § 1360.

[2]) Cosack, BGB. § 291 N. 14.

[3]) Opet, Kommentar N. 2 zu § 1360. Mot. IV, 124; Stobbe-Lehmann, Handbuch des deutschen Privatrechts § 276 N. 35.

[4]) Mot. IV, 124; Rocholl, Eherecht S. 95.

[5]) Mot. IV, 125 ff.

[6]) §§ 1387, 1388, 1400 f., 1412 II, 1415, 1463, 1464, 1525 II, 1529 II, 1532, 1535 f., 1549 f. (RG. vom 5. April 1900, RGE. Bd. 46 S. 354 f. und vom 19. April 1900 (JW. 1900 S. 409. Urteil des OLG. Frankfurt vom 4. Mai 1905, Recht 1905 S 529).

der Frau zu der gesetzlichen Unterhaltsverpflichtung des Mannes; sie hängt vielmehr von der jeweiligen Regelung des ehelichen Güterstandes ab.[1])

Im Anschluß hieran sei die Frage aufgeworfen, ob es nicht zweckmäßig sei, den Umfang der Alimentationspflicht durch „Einbeziehung der Prozeßkosten" zu erweitern. Erscheint doch der Schutz persönlicher Rechte als ein ebenso berechtigtes Bedürfnis wie der zur Erhaltung des Lebens usw. erforderliche Unterhalt.[2]) Dem steht zwar der Inhalt der Motive[3]) entgegen, nicht aber der Wortlaut des Gesetzes; denn was zum Unterhalt gehört, ist im BGB. nicht ausgesprochen, die Feststellung des Begriffes ist also der Wissenschaft überlassen.[4]) Man würde hier im einzelnen zwischen Prozeßkosten- und Prozeßkostenvorschußpflicht zu unterscheiden haben. Die Forderung von Prozeßkosten ist nicht Unterhaltsforderung im eigentlichen Sinne d. h. Zustandsobligation, sondern Forderung auf eine einmalige Leistung, auf den Ersatz aufgewendeter Geldbeträge,[5]) hat also den Charakter vorhandener Schulden, deren Tilgung die Unterhaltspflicht nicht umfaßt.[6]) Anders liegt die Sache dann, wenn Prozeßkosten „vorzuschießen" sind. Hier handelt es sich um Verbindlichkeiten, die zum Zwecke des Prozesses erst eingegangen werden, und daß für sie der Satz „in praeteritum non vivitur" gilt, dürfte nicht zweifelhaft sein.[3]) Nimmt man also an, daß die Kostenvorschußpflicht des Mannes einen Teil seiner gesetzlichen Unterhaltspflicht gegenüber der Frau bildet, so würde auf diese Weise die Streitfrage[7]) „des ehelichen Güterrechts", ob der Mann verpflichtet ist, der Frau für einen von ihr zuführenden Rechtstreit einen Kostenvorschuß zu gewähren, am einfachsten gelöst. Das Reichsgericht steht allerdings bis jetzt nicht auf diesem Standpunkte.[8])

Schulden des Bedürftigen hat der Verpflichtete nicht zu zahlen;[9]) eine Inanspruchnahme des Pflichtigen wäre nur innerhalb der Grenzen des § 1613 zuläſſig.[10])

Der unterhaltspflichtige Ehegatte haftet auch nicht für die Erfüllung derjenigen Schuldverpflichtungen, die dem anderen Teil vermöge seiner Unterhaltsverbindlichkeiten gegen Eltern, eheliche und uneheliche Kinder und den früheren Ehegatten obliegen (§§ 1601, 1604, 1578, 1583, 1345, 1346, 1351, 1708); denn nur der persönliche

---

[1]) Meisner Kommentar z. BGB. zu § 1360 N. d; Staudinger a. a. O. § 1387 Ziff. 3; Seuffert ZPO. vor § 91 N. 6a.

[2]) cf. JW. 1900 S. 692 (Meyerhoff, Die Kostenvorschußpflicht des Ehemanns gegenüber der Ehefrau im Ehescheidungsprozeß).

[3]) Mot. IV, 696.

[4]) cf. BayZfR. 1906 S. 93 (Schäfer, Prozeßkostenvorschußpflicht des Ehemannes).

[5]) cf. Gaupp-Stein vor § 606 B, c, 1.

[6]) siehe unten N. 10.

[7]) Literaturübersicht: Staudinger § 1387 Ziff. 3; Seuffert ZPO. § 91 Ziff. 6a.

[8]) Zeitschrift für Rechtspflege a. a. O. S. 94.

[9]) Opet, Kommentar zu § 1360 N. 2; Fischer-Henle N. 3 zu § 1360.

[10]) Wieruszowski S. 94, 112.

Lebensbedarf des Berechtigten bestimmt den Umfang der Unterhaltsleistung. Eine andere Frage aber ist es, inwieweit der Mann kraft des die Ehe beherrschenden Güterrechts verpflichtet ist, die der Frau obliegenden Unterhaltspflichten zu erfüllen (cf. 1386 I S. 2, 1388).[1])

Es bleibt noch zu prüfen, welche Bedeutung die ehemännliche Alimentationspflicht gegenüber den Vorschriften hat, welche den Mann mit dem ehelichen Aufwand (§§ 1389 I, 1427, 1458, 1529, 1549) belasten. Der eheliche Aufwand umfaßt alle Aufwendungen, welche zum Zweck der ehelichen Lebensgemeinschaft gemacht werden, insbesondere die Ausgaben für den Unterhalt beider Ehegatten.[2]) Zu den ehelichen Lasten gehören beispielsweise auch Leistungen, welche, wie Aufwendungen für wohltätige Zwecke und gesellige Veranstaltungen, in den Pflichtenbereich der Unterhaltsverbindlichkeiten nicht fallen.[3]) Das Verhältnis der beiden Gruppen zueinander regelt sich dahin, daß die Unterhaltsnormen einen engen, festbegrenzten Pflichtenkreis darstellen, der auf sittlicher Grundlage beruht und ius cogens ist. Dieser Pflichtenbereich kann aber erweitert werden durch die Aufwandsvorschriften, welche, wie das gesamte eheliche Güterrecht, einschließlich des subsidiären gesetzlichen Güterstandes, unter dem Zeichen der Vertragsfreiheit stehen.

IV. Die Art der Unterhaltsgewährung.

Während die regelmäßige Form der Unterhaltsgewährung gegenüber Verwandten die Entrichtung einer Geldrente bildet (1612), ist der Unterhalt gegenüber einem Ehegatten in der durch die eheliche Lebensgemeinschaft gebotenen Weise zu leisten (1360 III).

Leben die Ehegatten, wie dies normalerweise der Fall ist, in gemeinsamen Hausstand mit gemeinsamer Wirtschaft, so wird die Darbietung des Unterhalts durch eine Verbindung von Natural- und Geldleistungen,[4]) unter Überwiegen der ersteren, erfolgen.[5]) Leben dagegen die Eheleute in beiderseitigem Einverständnis aus besonderen Gründen vorübergehend getrennt, z. B. die Frau macht eine Badereise, so ist die Unterhaltsgewährung in Form der Geldleistung oder durch Entrichtung einer Rente, auf welche der § 760 keine Anwendung findet, zu betätigen.[6])

B) Ausnahmefall:[7]) Die Unterhaltspflicht der nicht in häuslicher Gemeinschaft lebenden Ehegatten (1361).

I. Erlaubte Trennung.

Der § 1361 regelt die Alimentationspflicht der Ehegatten während der Dauer der Aufhebung der häuslichen Gemeinschaft, wenn das

---

[1]) Wieruszowski 97; Staudinger zu § 1389 N. 2 a β.
[2]) Mot. IV, 514.
[3]) Prot. IV S. 194; Planck zu § 1389 N. 1; cf. auch Staudinger N. 2 b zu § 1389; Wieruszowski S 64 ff.
[4]) Cosack § 291 N. 15; Müller-Meikel S. 44 N. 2.
[5]) Opet Kommentar N. 6 zu § 1360.
[6]) Dernburg, Familienrecht § 36 N. IV, 5.
[7]) Staudinger zu § 1360 N. 1.

Getrenntleben darin seinen Grund hat, daß einer der Ehegatten die Hausgemeinschaft verweigern darf und von diesem Rechte Gebrauch macht. Gleichgültig ist, ob der unterhaltsberechtigte oder verpflichtete Ehegatte hierzu berechtigt ist. Die Weigerung setzt begriffsmäßig ein Verhalten wider den Willen des anderen Teils voraus. Eine besondere vorherige Aufforderung von Seite des anderen Ehegatten, die häusliche Gemeinschaft wieder herzustellen, ist nicht erforderlich.[1]) Die Aufhebung der häuslichen Gemeinschaft kann sich ohne Wechsel des Wohnortes, ja sogar im gleichen Wohnhaus vollziehen,[2]) z. B. wenn der Ehemann ein gesondertes Zimmer bezogen hat und sich von jedem Verkehr mit der Frau fernhält.[3])

Die Gründe, welche dem unterhaltsberechtigten oder verpflichteten Ehegatten die Befugnis geben, die häusliche Gemeinschaft gegen den Willen des anderen Ehegatten zu verweigern, liegen vor, wenn sich das Verlangen des anderen Teils nach Herstellung der häuslichen Gemeinschaft als Mißbrauch seines Rechtes darstellt (1353 II S. 1) (z. B. Mißhandlung, Versagung des Unterhalts in der durch die häusliche Gemeinschaft gebotenen Weise, übermäßige und ungeeignete Ansprüche in Beziehung auf die Erfüllung der ehelichen Pflicht); wenn der berechtigte Ehegatte befugt ist, auf Scheidung oder Aufhebung der ehelichen Gemeinschaft[4]) zu klagen (1353 II S. 2) (z. B. § 1565 – 1568, cf. auch § 1571 II S. 2; der § 1569 ist der Natur der Sache nach ausgeschlossen);[5]) wenn während eines Rechtstreites, der die Scheidung, Nichtigkeit oder Anfechtung der Ehe zum Gegenstand hat, das Gericht auf Antrag eines Ehegatten durch einstweilige Verfügung für die Dauer des Rechtstreits das Getrenntleben der Ehegatten gestattet hat[6]) (§ 627 ZPO.). Das Gericht kann diese Verfügung treffen, auch wenn die Voraussetzungen des § 1353 II nicht vorliegen.[7]) Da den Ehegatten, die in Zerwürfnis leben, nicht zugemutet werden kann, lediglich des „Unterhaltes wegen" in der ihnen unerträglich gewordenen häuslichen Gemeinschaft zu verbleiben, so muß, da durch das Getrenntleben der Ehegatten die eheliche Lebensgemeinschaft nicht beeinträchtigt wird, letztere vielmehr solange fortbesteht, bis ihre Aufhebung gemäß § 1575 durch Urteil ausgesprochen ist, für die Alimentation in anderer Weise Sorge getragen werden. Der Gesetzgeber hat diesen

---

[1]) Ebenso Planck zu § 1361 N. 4c und Rspr. des OLG. 7 S. 102; a. A. Rspr. des OLG. 2 S. 331; Opet 1c; Staudinger 2b und Zitate.

[2]) Urteil des OLG. Karlsruhe vom 17. Oktober 1900. Rspr. des OLG. II 329. Urteil des OLG. Jena vom 2. November 1903 Recht 1903 S. 551; Staudinger zu § 1567 N. 2a.

[3]) Endemann BGB. § 169a N. 2.

[4]) Der § 1353 II 2 spricht nur von der Scheidung. Die Gleichstellung der ehelichen Gemeinschaft gründet sich auf § 1575 I 1, § 1933; Endemann a. a. O. N. 7.

[5]) Fischer-Henle N. 5 zu § 1353, E. JW. 1903 B 44; a. A. Staudinger 2b α und Zitate.

[6]) Urteil des OLG Kiel vom 11 Mai 1900, Recht 1900 S. 515; Meisner S. 72; Rocholl S. 99.

[7]) Gaupp-Stein ZPO. III a zu § 627; cf. auch Erler § 45.

Trennungszustand besonders geregelt, einmal, weil große Gefahr besteht, daß die in Groll lebenden Gatten sich den Unterhalt, wenn nicht gänzlich verweigern, so doch nicht in gehöriger Weise gewähren, alsdann weil er verhüten wollte, daß die Eheleute gleich zu den Radikalmitteln der Ehescheidung und der Aufhebung der ehelichen Gemeinschaft greifen. Der Gesetzgeber hofft vielmehr, daß diese Trennung nur einen Interimszustand darstelle, die Ehegatten sich aussöhnen und zur häuslichen Gemeinschaft zurückkehren. Deshalb soll auch während der Trennung die Frist zur Erhebung der Scheidungsklage nicht laufen,[1]) kein Teil soll aus Sorge vor dem Verluste seines Scheidungsrechtes zur Klagerhebung gedrängt werden[2]) (§ 1571 II S. 1).

Wenn die obengenannten Voraussetzungen des § 1361 zutreffen, erfährt das Grundprinzip[3]) des § 1360 nur insoweit Änderungen, als diese im § 1361 besonders vorgesehen sind.[4]) Die Abweichungen beschränken sich auf die Art und den Umfang der Unterhaltsleistung,[5]) während für die Beurteilung der Voraussetzungen und des Maßes der Alimentation der § 1360 maßgebend bleibt.

1. Art der Unterhaltsgewährung (§ 1361 I).

a) Der Unterhalt ist nicht in der durch die Hausgemeinschaft gebotenen Weise (§ 1360 III S. 1), sondern durch Entrichtung einer Geldrente zu gewähren, welche für drei Monate vorauszuzahlen ist (760 I und II) (cf. auch §§ 1612 I S. 1, 271). Hat der berechtigte Ehegatte den Beginn des Zeitabschnittes erlebt, für den die Rente im voraus zu entrichten ist, so hat er Anspruch auf den vollen auf den Zeitabschnitt entfallenden Betrag (760 III).[6]) Die Zahlung einer nach dem jeweiligen Bedürfnis des Berechtigten sich richtenden Geldrente empfiehlt sich mit Rücksicht auf den gestörten ehelichen Frieden zur Vermeidung neuer Zwistigkeiten der Ehegatten.[6]) Jede andere Art der Verabreichung des Lebensbedarfs kann vom Berechtigten wie vom Verpflichteten abgelehnt werden.[7]) Ein Anspruch auf Sicherheitsleistung für die Rentenentrichtung steht dem Unterhaltsgläubiger (anders als im Falle des § 1580 I S. 2) nicht zu.[8])

b) Soweit die Unterhaltspflicht des Mannes in Betracht kommt, hat derselbe nach § 1361 I S. 2 der Frau auch die zur Führung eines abgesonderten Haushalts erforderlichen Sachen aus dem gemeinschaftlichen Haushalte zum Gebrauch heraus-

---

[1]) cf. Dernburg, Familienrecht § 30 N. III.
[2]) Prot. IV, 434; RG. 53 [346]; Endemann § 169a N. 2b.
[3]) Staudinger N. 1 zu § 1360.
[4]) Staudinger N. 5 zu § 1361; Planck N. 4c zu § 1361; OLG. Dresden vom 13. Juli 1900; OLG. 22 [54]; OLG. Dresden vom 14. Februar 1901, Recht 1901 S 285.
[5]) JW. 1904 S. 294; Schmidt N. 3c zu § 1361; Planck zu § 1361 N. 1.
[6]) Mot. IV, 633; P. VI, 272.
[7]) Urt. des OLG. Köln vom 17. Juni 1905, DJurZ. 1906 S. 212.
[8]) Rspr. des OLG. Bd. 3 S. 240; Opet, Kommentar S. 112.

zugeben, falls dieselben nicht für ihn unentbehrlich sind oder solche Sachen in dem der Verfügung der Frau unterliegenden Vermögen sich befinden, was insbesondere bei Gütertrennung oder, wenn die Frau Vorbehaltsgut besitzt, der Fall sein kann.[1]) An den Eigentumsverhältnissen und den durch das Güterrecht bedingten Beziehungen wird durch die Herausgabe der Sachen an die Frau nichts geändert.[2]) Auf den Gebrauch finden die Grundsätze über Leihe Anwendung.[3]) Der Anspruch der Frau beschränkt sich aber nur auf die zur Zeit seiner Geltendmachung noch vorhandenen Haushaltungsgegenstände. Zur Anschaffung solcher Sachen für die Frau ist der Mann nicht verpflichtet.[4]) Die Frau kann daher an Stelle der ursprünglich verlangten nicht mehr vorhandenen Möbel nicht deren Wert beanspruchen, sondern nur je nach den Umständen eine entsprechende Erhöhung der Unterhaltsrente fordern.

2. Umfang der Unterhaltsgewährung (1361 II).

Während der Trennungszeit muß der Mann die Unterstützung der Frau im Haushalt und im Geschäft entbehren; die Gewährung des Unterhalts an die Frau ist außerhalb der ehelichen Gemeinschaft regelmäßig mit größeren Kosten verbunden; auch kann das der Verwaltung und Nutznießung des Mannes unterliegende oder im Gesamtgut steckende Vermögen nur unbedeutend, ihr Vorbehaltsgut aber, insbesondere der Erwerb aus ihrer Arbeit erheblich sein.[5]) Aus diesen Rücksichten fällt die Unterhaltspflicht des Mannes (einschließlich der ihm nach § 1361 I S. 2 obliegenden Herausgabepflicht) weg oder beschränkt sich auf die Zahlung eines (einmaligen oder wiederkehrenden) Betrags, wenn dies nach Lage des Falles, insbesondere mit Rücksicht auf die beiderseitigen Bedürfnisse, Vermögens- und Erwerbsverhältnisse[6]) der Billigkeit entspricht.

II. Unerlaubte Trennung.

1. Hat keiner der Ehegatten eine Berechtigung, die Herstellung der häuslichen Gemeinschaft zu verweigern, verweigert aber trotzdem der unterhaltsberechtigte Ehegatte die eheliche Gemeinschaft (z. B. die Frau hat ihren Mann ohne Grund verlassen); oder ist der unterhaltsverpflichtete Ehegatte berechtigt, die häusliche Gemeinschaft zu verweigern, macht er aber keinen Gebrauch davon, hat vielmehr der unterhaltsberechtigte Ehegatte, ohne einen Grund zu haben, dieselbe verweigert (z. B. die Frau hat ihren Mann, nachdem sie Ehebruch getrieben, verlassen, um ihrem Geliebten zu folgen), dann fehlt es an der Voraussetzung des § 1361 und es verbleibt

---

[1]) Mot. IV, 634.

[2]) cf. Kuhlenbeck § 1361 N. 3.

[3]) Opet, Kommentar zu § 1361 N. 3a; Staudinger 3b α; Wieruszowski S. 84; a. A. Planck 2b β.

[4]) Müller und Meikel II S. 46 N. 1; Urteil des RG. vom 24. März 1903, Rspr. 7 [45].

[5]) Mot. IV, 634.

[6]) Urteil des RG. vom 18. Mai 1903 JW. 1903 Beil. 87.

infolgedessen bei der Regelvorschrift des § 1360. Der Verpflichtete braucht hier den Unterhalt überhaupt nicht zu gewähren,[1]) weil ihm die Möglichkeit der Unterhaltsdarbietung fehlt, Unmöglichkeit aber den Schuldner befreit (§ 275).

2. Wenn der unterhaltspflichtige Ehegatte ohne rechtfertigenden Grund gegen den Willen des anderen Teils die Trennung bewirkt (z. B. wenn der Ehemann seine Frau grundlos verläßt oder verstößt oder wenn er, nachdem er Ehebruch getrieben hat, sich bei seiner Geliebten aufhält und sich weigert, zu seiner Frau zurückzukehren), so mangelt es gleichfalls an den Voraussetzungen des § 1361; mithin greift der § 1360 III Platz d. h. der Unterhalt ist in der durch die eheliche Lebensgemeinschaft gebotenen Weise zu gewähren. Hiermit ist indessen, wie früher erörtert, nicht ausschließlich Naturalverpflegung, sondern die den jeweiligen Umständen angemessene Verpflegung und Unterhaltung gemeint.[2]) Wenn daher der Ehemann die Herstellung des ehelichen Lebens unberechtigterweise verweigert, so kann die Ehefrau dieselbe nicht erzwingen. Es ist ihr sohin tatsächlich unmöglich gemacht, Unterhalt in der Wohnung ihres Mannes zu empfangen. Der Mann ist daher verpflichtet, der Frau die Alimentation in der Form einer Geldrente zu gewähren,[3]) auf die jedoch die Vorschrift des § 760 nicht Anwendung findet.[4]) Diesen Standpunkt vertritt auch die Praxis[5]) in der viel umstrittenen Frage.[6])

Kapitel III.

Der Unterhaltsanspruch nach Scheidung der Ehe.[7])

Abschnitt I.

Rechtliche Natur des Unterhaltsanspruches.

Anders als bei der Alimentationspflicht der Ehegatten während der Ehe weist der Unterhaltsanspruch des geschiedenen Gatten die Besonderheit auf, daß die vermögensrechtliche Seite gegenüber der schwachen familienrechtlichen in den Vorder-

---

[1]) Planck N. 5 zu § 1361; s. Urteil des OLG. Dresden vom 22. Januar 1902 Rspr 4 ³⁴⁰.

[2]) cf. Dernburg, Familienrecht S. 95 N. 3, S. 115.

[3]) Recht 1904 S. 140; KG. Berlin XII, ZS. vom 6 Februar 1904.

[4]) cf. Planck a. a. O.

[5]) Urteil des KG. vom 22. Mai 1900 und 27. Dezember 1900; OLG. Hamburg vom 2. Februar 1901; OLG. Dresden vom 3. Juli 1900 und 10. Dezember 1901.

[6]) Literaturübersicht: Staudinger § 1360 N. 4d; Planck § 1361 N. 5.

[7]) Über den früheren Rechtszustand cf. die Literaturangaben bei Staudinger § 1578 N. 1 und Schmidt § 1578 N. 1a.

grund tritt, daß den freien obligationenrechtlichen Grundsätzen ein größerer Spielraum gewährt ist als den streng familienrechtlichen Normen.

A) Familienrechtlicher Charakter.

I. Grundlage der Unterhaltspflicht.

Die Ehe wird durch die Scheidung dem Bande nach gelöst; infolgedessen erlischt die Verpflichtung zur ehelichen Lebensgemeinschaft[1]) und mit ihr fällt die wechselseitige Unterhaltsverbindlichkeit der Ehegatten (1360, 1361) weg. Indessen die Tatsache der stattgehabten Ehe, dieser innigsten Gemeinschaft zwischen Mann und Frau läßt sich nicht einfach hinwegwischen, sondern übt noch eine Nachwirkung[2]) aus, welche in der nachehelichen Unterhaltspflicht des schuldigen Gatten gegenüber dem unschuldigen Teil ihren Ausdruck findet (1578 ff.). Wer durch seine Schuld das eheliche Band löst, darf nicht den Vorteil sich erringen, daß er auch jene Pflicht damit abstreife; andererseits soll der unschuldige Gatte, wenn er von seinem Ehescheidungsrechte Gebrauch macht, nicht in seinem Unterhalte gefährdet werden.[3]) Der schuldig erklärte Teil bleibt ihm gegenüber zu bestimmten Unterhaltsleistungen verpflichtet und verliert seinerseits wegen Verletzung der aus der Ehe entspringenden sittlichen Pflichten jeden aus der Ehe herrührenden Unterhaltsanspruch.

1. Der Alimentationsanspruch des unschuldigen Ehegatten ist daher im Gegensatz zu der „wechselseitigen" Unterhaltsverbindlichkeit der Ehegatten während der Ehe nur ein „einseitiger".[4]) Sind beide Ehegatten für schuldig erklärt worden (1574), so ist keiner gegenüber dem andern unterhaltsberechtigt.[5])

2. Das Bürgerliche Gesetzbuch hat es abgelehnt, den Unterhaltsanspruch des unschuldigen Ehegatten vom Gesichtspunkt der Entschädigung aus zu regeln und dadurch eine ganz neue Art von Unterhaltsansprüchen zu schaffen.[6]) Abgesehen davon, daß sich der Entschädigungsgedanke doch nie konsequent durchführen ließe, weil die sittlichen Wirkungen und Vorteile der Ehe eine Schätzung in Geld überhaupt nicht zulassen, ist entscheidend, daß die ver-

---

[1]) cf. Fischer-Henle Vorbemerkung vor § 1564.

[2]) cf. Erler, Ehescheidungsrecht § 33; cf. auch Urteil des RG. vom 18. Januar 1906, RGE. Bd. 62 S. 298, RGE. Bd. 48 S. 114; cf. ferner Opet N. 1 zu § 1578 (der die Unterhaltspflicht fälschlich für „ein Rudiment der die Ehe für unlöslich erachtenden kanonischen Auffassung" hält); dagegen mit Recht Schmidt N. 1 b β.

[3]) Endemann § 167 N. 4.

[4]) Sporleder, Der Unterhaltsanspruch nach dem BGB. S. 14, 65.

[5]) Cosack § 291 N. 21; Müller-Meikel II S. 207.

[6]) Mot. IV, 617; Prot. IV, 521; Mot. IV, 615: „Es widerstrebt dem Wesen der Ehe, dieselbe einem vermögensrechtlichen, auf die Erlangung vermögensrechtlicher Vorteile gerichteten Rechtsgeschäfte gleichzustellen und als eine Quelle solcher Vorteile rechtlich zu behandeln".

mögensrechtlichen Folgen der Ehe nicht Selbstzweck der Ehe sind, sondern nur sekundäre Folgen derselben. Auch würde eine solche Entschädigung nicht selten als eine Bereicherung des unschuldigen Gatten sich darstellen und dem letzteren ein Anreiz sein, aus niedrigen Beweggründen den Scheidungsgrund zum Zweck der eigenen Bereicherung auszunützen.[1])

Der Unterhaltsanspruch ist vielmehr als wahrer Unterhaltsanspruch[2]) vom Gesetzgeber behandelt und im engsten Anschluß an die Alimentationspflicht der Verwandten geregelt.[3]) Der Gesetzgeber steht im allgemeinen auf dem Standpunkt, daß der geschiedene unschuldige Ehegatte den Unterhalt so weiter beziehen soll, als wenn die Ehe noch bestehe.[4]) Die Gestaltung des Alimentationsanspruches ist deshalb eine ähnliche, wie während der Dauer der Ehe; nur ist den durch die Scheidung veränderten Verhältnissen Rechnung getragen.[5])

Der Unterhaltsanspruch zeigt familienrechtlichen[6]) Charakter. Dies geht auch daraus hervor, daß in den §§ 1608, 1609 bei der Normierung der Reihenfolge des Unterhaltsanspruches der Verwandten der des unschuldigen Ehegatten mit aufgezählt ist. Wegen der höchst persönlichen Natur des Anspruches finden die §§ 850 I S. 2 ZPO. 400, 1069 II, 1274 II, 394 BGB., § 1 KO. Anwendung.[7])

3. Im Gegensatz zu der wechselseitigen Unterhaltspflicht der Ehegatten, welche aus dem Postulate der ehelichen Lebensgemeinschaft entspringt, mithin sich als rechtlich-sittliche Pflicht charakterisiert, rechtfertigt sich der Alimentenanspruch nach Scheidung der Ehe lediglich „aus Rücksichten der Billigkeit“ gegen den unschuldigen Ehegatten, der sonst in die Lage versetzt würde, entweder die ihm unerträglich gewordene Ehe fortsetzen oder fortan die Mittel zu seinem Unterhalte entbehren zu müssen.[8]) Deshalb stellt auch die Gestaltung der nachehelichen Unterhaltspflicht, jener schwachen Nachwirkung einer nicht mehr bestehenden Lebensgemeinschaft, kein ius cogens dar,[9]) sondern es ist freie vertragsmäßige Regelung zulässig,[10]) falls bereits Scheidungsklage anhängig oder rechtskräftig auf Scheidung erkannt ist. Wo eine derartige Vereinbarung bereits vor Einleitung des Scheidungsverfahrens für den Fall einer

---

[1]) Mot. IV, 616.
[2]) Rocholl, Eherecht S. 327.
[3]) Prot. 526; Mot. 618.
[4]) Prot. IV, 522.
[5]) Denkschrift S. 297.
[6]) a. A. Motive IV, 619.
[7]) Schmidt N. 5 zu § 1578.
[8]) Mot. 617.
[9]) Opet, Kommentar zu § 1578 N. 12; Engelmann S. 352; Matthiaß S. 317.
[10]) RG. vom 29. Oktober 1903; RG. 56 [121]; Planck N. 5b zu § 1580 Davidson S. 128; Endemann II § 167 N. 30; Urteil des OLG. Königsberg vom 2. März 1903; Rspr. 7 [110].

künftigen Scheidung getroffen wurde, ist sie als gegen die guten Sitten verstoßend nach § 138 nichtig. Durch Vertrag können die dispositiven Normen der §§ 1578 ff. vollständig ausgeschlossen werden. Ist ein solch vollständiger Ausschluß nicht gewollt, so wird die vertragsmäßige Abrede der Ehegatten durch die Vorschriften des Gesetzes ergänzt.[1]) Diese freie vertragsmäßige Regelungsmöglichkeit beweist das Hervortreten der obligationenrechtlichen Grundsätze und das Zurückweichen der strengen familienrechtlichen.

II. Erstehung und Zweck des Unterhaltsanspruches.

Auch die nacheheliche Unterhaltspflicht kommt erst beim Vorliegen der Voraussetzungen[2]) der Leistungsfähigkeit des allein schuldigen Ehegatten und der Bedürftigkeit des unschuldigen Teiles zur Entstehung. Der Unterhaltsanspruch ist nicht davon abhängig, daß der unschuldige Ehegatte schon zur Zeit der Scheidung bedürftig ist; vielmehr soll die Unterhaltspflicht des allein für schuldig erklärten Gatten auch dann eintreten, wenn der andere Ehegatte erst später oder nach dem Aufhören der zur Zeit der Scheidung vorhandenen Bedürftigkeit von neuem bedürftig wird.[3])

1. Da die Wechselfälle des Lebens eines jeden Ehegatten fortwährend berücksichtigt werden müssen,[4]) so ist damit ein Anlaß zu immerwährenden Berührungen der geschiedenen Ehegatten miteinander und eine Quelle steter Streitigkeiten geschaffen. Weil aber die Ehegatten ein wesentliches Interesse daran haben, voneinander gänzlich loszukommen,[5]) ist ihnen die Möglichkeit gegeben, die Unterhaltspflicht im Wege der Kapitalabfindung zu ordnen. Der Richter muß im Falle des § 1580 II, auch wenn ein wichtiger Grund nicht vorliegt, auf Kapitalabfindung erkennen, wenn beide Parteien darauf antragen.[6])

Ist eine Kapitalabfindung durch Vertrag oder rechtskräftiges Urteil festgesetzt, so kann wegen später eintretender Veränderung der Verhältnisse eine Erhöhung oder Herabsetzung auch dann nicht erfolgen, wenn die eintretende Veränderung bei Festsetzung der Abfindung nicht vorausgesehen werden konnte;[7]) der § 323 ZPO. findet keine Anwendung.[8])

---

[1]) Davidson S. 128.
[2]) Erler, Ehescheidungsrecht § 33 S. 138.
[3]) Mot. IV, 618; Prot. IV, 522.
[4]) Endemann § 167 S. 270.
[5]) Prot. 429.
[6]) Davidson 142; Schmidt 3 γ zu § 1580; Staudinger 1 b γ zu § 1580.
[7]) Neumann § 1580 N. 3 b; Staudinger § 1580 N. 1 b ε.
[8]) Urteil des OLG. Jena vom 2. Mai 1903; Rspr. des OLG. Bd. 7 S. 111; Urteil des Oberlandesgerichts Karlsruhe vom 20. Februar 1905; Rspr. des OLG. Bd. 11 S. 83; Schmidt N. 5 e zu § 1579.

Aus obigen Erwägungen erklärt sich auch, daß die Bestimmungen des § 1614 über die Unzulässigkeit des Verzichts und über die Beschränkung einer wirksamen Vorausleistung auf den Alimentenanspruch des schuldlosen Ehegatten nicht übertragen sind (1580 III e contr.).[1])

2. Im übrigen finden die bei dem wechselseitigen Unterhaltsanspruch erörterten Vorschriften, auch auf den einseitigen entsprechende Anwendung.[2])

III. Erlöschen des Unterhaltsanspruches.

1. Da der nacheheliche Unterhaltsanspruch die Befriedigung eines persönlichen Bedürfnisses des unschuldigen Ehegatten bezweckt, so muß derselbe mit dem Tode des letzteren für die Zukunft erlöschen (§ 1615 I mit 1580 III).[3])

2. Die besondere Bestimmung des § 1581, daß die Unterhaltsverpflichtung des schuldigen Ehegatten auch dann erlischt, wenn der „berechtigte" Gatte eine andere Ehe schließt, rechtfertigt sich durch die Erwägung, daß die Schließung der neuen Ehe, welche ohne die Scheidung nicht möglich wäre, dem bedürftigen Ehegatten eine neue Quelle der Lebensversorgung eröffnet und unter diesen Umständen die Fortdauer der Unterhaltsverpflichtung des schuldigen Teiles durch Rücksichten der Billigkeit nicht geboten ist.[3]) Wird die neue Ehe demnächst als nichtig erklärt, so ist die Alimentationspflicht des geschiedenen Ehegatten als fortbestehend anzusehen.[4])

3. Die Wiederverheiratung des „pflichtigen" Gatten hat auf die gegenüber dem geschiedenen Ehegatten bestehende Unterhaltspflicht als solche keinen Einfluß (1581 II). Die Einwirkung des in der neuen Ehe des unterhaltspflichtigen Ehegatten geltenden Güterstandes auf den Unterhaltsanspruch des geschiedenen Ehegatten ist im § 1581 II durch Verweisung auf § 1604 geregelt. (Hiernach kommt, wenn die unterhaltspflichtige Frau im gesetzlichen Güterstande lebt, die dem Manne der neuen Ehe am eingebrachten Gute zustehende Verwaltung und Nutznießung bei der Bemessung der Unterhaltspflicht der Frau gegenüber dem geschiedenen Manne nicht in Betracht. Gilt in der neuen Ehe eines der Gütergemeinschaftssysteme, so bestimmt sich die Unterhaltspflicht des Mannes oder der Frau gegenüber dem geschiedenen Ehegatten so, wie wenn das Gesamtgut dem unterhaltspflichtigen Ehegatten allein gehören würde).[5])

4. Eine Ausnahme von der Unvererblichkeit der Unterhaltspflicht statuiert der § 1582. Hiernach erlischt die Unterhaltspflicht nicht mit dem Tode des Verpflichteten (1582 I). Da der Gesetzgeber, wie eingangs erwähnt, den Standpunkt einnimmt,

[1]) Mot. IV, 619; Erler, Ehescheidungsrecht § 33 N. 25: Endemann § 167 N. 45.

[2]) Schmidt zu § 1578 N. 2 e.

[3]) Mot. IV, 619.

[4]) Davidson S. 147.

[5]) Planck N. 2 zu § 1581; Opet N. 3 zu § 1581.

daß der unschuldige Ehegatte den Unterhalt so weiter beziehen soll, als wenn die Ehe noch bestehe, so müßte mit dem Tode des Verpflichteten der Alimentationsanspruch untergehen (cf. 1615 I). Allein „im Interesse der größeren Sicherheit des geschiedenen unschuldigen Ehegatten", welcher infolge der Scheidung kein Erbrecht besitzt, wurde die Vererblichkeit der Unterhaltspflicht anerkannt.[1]) Es handelt sich nicht etwa um ein gesetzliches Vermächtnis[2]) nach Art des § 1969, also nicht um eine „selbständige" Verpflichtung des Erben, sondern um eine „vererbte Unterhaltspflicht des Erblassers";[3]) denn, wenn die Unterhaltspflicht nicht mit dem Tode des Verpflichteten erlischt, dann geht sie ipso jure auf den Erben über (1922). Hier zeigt sich wieder deutlich die schwache familienrechtliche Natur des Unterhaltsanspruches. „Auf der passiven Seite" ist die Unterhaltsverpflichtung ihrer persönlichen Natur durch den Tod des Erblassers entkleidet, der vermögensrechtliche Charakter tritt in den Vordergrund. Daraus erklärt sich auch, daß diese Verpflichtung des Erben nicht den persönlichen Beschränkungen des § 1579 unterliegen kann (1582 II S. 1). Da nun diese vermögensrechtliche Unterhaltsverpflichtung nicht etwa eine festbegrenzte Summe darstellt, sondern veränderlich und von unbestimmter Dauer ist, ja eventuell erst in der Person des Erben zur Entstehung kommt, so erscheinen die in § 1582 II S. 2 und 3 genannten weiteren Modifikationen aus Gründen der Billigkeit gegen den Erben[4]) gerechtfertigt. Der berechtigte Ehegatte muß sich nämlich die Herabsetzung der Rente bis auf die Hälfte der Einkünfte gefallen lassen, die der Verpflichtete zur Zeit des Todes aus seinem Vermögen bezogen hat (1582 II S. 2). Einkünfte aus einem Rechte, das mit dem Eintritt eines bestimmten Zeitpunkts oder Ereignisses erlischt, bleiben von dem Eintritte des Zeitpunkts oder des Ereignisses außer Betracht (1282 II S. 3). Dagegen „auf der aktiven Seite", d. h. auf Seite des überlebenden Gläubigers, verbleibt es bei der Regel. Der Unterhalt dient ununterbrochen seinem familienrechtlichen Zweck, nämlich der Befriedigung der Bedürfnisse des unschuldigen Ehegatten. Er bleibt deshalb „in toto" ein wahrer familienrechtlicher Unterhaltsanspruch;[5]) er ist nicht ein uneigentlicher Unterhaltsanspruch, und es finden auf ihn deshalb die Vorschriften der Unverjährbarkeit, Unpfändbarkeit usw. Anwendung.[6])

---

[1]) Prot. IV, 526; Rocholl, Eherecht S. 333.

[2]) Nach Schiffner (Pflichtteil, Erbenausgleichung und die sonstigen gesetzlichen Vermächtnisse nach dem BGB. f. d. D. R. S. 143 ff.) handelt es sich hier um ein „gesetzliches Vermächtnis" (ebenso Opet N. 1 zu § 1582).

[3]) Endemann § 167 N. 47 („Die Erben treten in die Verpflichtung ein").

[4]) cf. Prot. IV, 527; Erler § 33 N. 30.

[5]) a. A. Planck N. 7 zu § 1582, welcher die Verbindlichkeit des Erben als gewöhnliche Nachlaßverbindlichkeit erklärt; ferner Fischer-Henle N. 1 zu § 1582; Schmidt N. 5 zu § 1582; Neumann N. 1 a zu § 1582; Endemann § 167 N. 49.

[6]) Ebenso scheinbar Staudinger N. 7 zu § 1582.

War der verstorbene Ehegatte mehrmals verheiratet und hat er mehrere geschiedene unterhaltsberechtigte Ehegatten hinterlassen, so kann der Erbe die Renten nach dem Verhältnis ihrer Höhe soweit herabsetzen, daß sie zusammen der Hälfte der Einkünfte gleichkommen (1582 III).

Hat sich der Verpflichtete vor seinem Tode mit dem Berechtigten abgefunden, so kann natürlich von der „Vererbung" einer nicht mehr bestehenden Unterhaltspflicht keine Rede sein.

B) Vermögensrechtlicher Charakter.

Es finden auf die nacheheliche Unterhaltspflicht die beim wechselseitigen Unterhaltsanspruche genannten §§ 1613 (mit 1580 III), 1607 II S. 2 (mit 1608 I S. 3, 1608 II) und für den Fall des Todes des Berechtigten die Vorschriften des § 1615 (mit 1580 III) sinngemäße Anwendung.

Abschnitt II.

Der Unterhaltsanspruch im einzelnen (§ 1578 ff.).

Die Grundlage für den Unterhaltsanspruch des geschiedenen unschuldigen Ehegatten bildet die urteilsmäßige Feststellung der Schuld[1]) des anderen Teils (1574). Für die Scheidung der Ehe sind die Gesetze des Staates maßgebend, dem der Ehemann zur Zeit der Erhebung der Klage angehört[2]) (Art. 17 I EG. z. BGB.). Durch diese Vorschrift soll ausgedrückt werden, daß sich sowohl die Gründe, aus welchem die Scheidung zulässig ist, als auch die Wirkungen der Scheidung, insbesondere die Unterhaltspflicht der geschiedenen Ehegatten[3]) nach den gedachten Gesetzen bestimmen[4]) (cf. a. 27 l. c.,[5]) namentlich auch das Haager Abkommen vom 12. Juni 1902, wonach abweichend vom EG. Art. 17 I die Gesetze des Staates, welchem beide Ehegatten angehören, maßgebend sind Art. 1 HAbk.).[6])

Wenn die Scheidung vor dem 1. Januar 1900 rechtskräftig erfolgt ist, ist für die Unterhaltspflicht des schuldigen Ehegatten[7]) schlechthin das bisherige Recht maßgebend. Ist das Scheidungsurteil noch vor dem 1. Januar 1900 erlassen, dagegen ohne daß ein Rechtsmittel eingelegt worden ist, erst nachher rechtskräftig geworden, so gilt die Scheidung als vor dem 1. Januar erfolgt und die Wirkungen bestimmen sich hiernach nach

---

1) Scheidungsgründe: § 1564 mit 1565—1569.

2) Erler, Ehescheidungsrecht § 23 S. 18 f.; Jacobi, Das persönliche Eherecht S. 105.

3) cf. RG. 55 [347]; (PlE.).

4) Planck EG. z. BGB. Art. 17 N. 2.

5) RG. 48 [145]; JW. 1901 [878].

6) Fischer-Henle zu Art. 17 EG. z. BGB. N. 4 und Planck a. a. O. N. 9; cf. Urteil vom 30. Oktober 1907 (BlfRA. S. 381).

7) RG. JW. 1901 S. 2; Rspr. 3 [340].

dem alten Rechte.[1]) Ist dagegen das die Scheidung aussprechende Urteil vor, das das Rechtsmittel hiegegen zurückweisende Urteil nach dem 1. Januar 1900 ergangen, so gilt die Scheidung als nach dem 1. Januar 1900 erfolgt und die Wirkungen der Scheidung bestimmen sich nach dem neuen Rechte[2]) (cf. Art. 201 EG. z. BGB.[3]).

I. Voraussetzungen.

Voraussetzung für den Unterhaltsanspruch des geschiedenen Ehegatten ist Bedürftigkeit des Unschuldigen und Leistungsfähigkeit des Schuldigen. Die Frage der Bedürftigkeit ist im § 1578, und zwar verschieden[4]) für Mann und Frau geregelt; die Frage der Leistungsfähigkeit beantwortet der § 1579.

1. Bedürftigkeit der unschuldigen Ehegatten.

a) Bedürftigkeit der unschuldigen Frau liegt vor, wenn sie ihren standesmäßigen Unterhalt aus den Einkünften ihres Vermögens und, sofern nach den Verhältnissen, unter denen die Ehegatten bei Einleitung des Scheidungsverfahrens[5]) lebten, Erwerb durch Arbeit der Frau üblich ist, aus dem Ertrage ihrer Arbeit nicht bestreiten kann (1578 I). Die Unterhaltspflicht des Mannes, welche während der Ehe ganz unabhängig von einem Bedürfnis der Frau ist, wird infolge der Scheidung dahin abgeschwächt, daß sie nur unter den genannten Voraussetzungen besteht; sie wird also zu einer subsidiären.[6]) Der Rücksicht auf die Billigkeit gegen den unschuldigen Ehegatten wird in genügender Weise Rechnung getragen, wenn dem unschuldigen Ehegatten nur im Falle der Not ein Unterhaltsanspruch gewährt wird.[7]) Es wird nicht vollständige Unfähigkeit der Frau, sich selbst zu unterhalten, sondern nur die Unfähigkeit, sich aus den Einkünften ihres Vermögens und dem Ertrag ihrer Arbeit zu unterhalten, gefordert. Die Frau braucht (ausgenommen § 1579 II) den Stamm ihres Vermögens nicht anzugreifen und ist auch zum Erwerb durch eigene Arbeit nur verpflichtet, soweit solche Tätigkeit den Verhältnissen entspricht, in denen sie während der Ehe gelebt hat. Als Arbeit der Frau erscheint nicht nur die für Dritte geleistete Arbeit; es genügt vielmehr, wenn sie durch Arbeiten im Hauswesen und im Geschäft des Mannes (§ 1356 II) sonst erforderliche Ausgaben erspart, also nur mittelbar erwirbt.[8])

---

[1]) RG. 50 S. 304; cf. auch Dernburg, Familienrecht § 29 N. 3.
[2]) RG 58 S. 382.
[3]) Erler, Ehescheidungsrecht § 21 N. 14.
[4]) Rocholl, Eherecht S. 327, 328.
[5]) Opet N. 2 zu § 1578
[6]) Planck § 1578 N. 3c.
[7]) Mot. IV, 618.
[8]) OLG. Kiel vom 16. Dezember 1902; Rspr. des OLG. 6 S. 287; auch RG. vom 12. April 1901; Rspr. des OLG. 2 S. 383; RG. vom 18. Januar 1906; JW. 1906 S. 140; zustimmend Planck N. 3a; Staudinger N. 3a; Opet N. 2b zu § 1578.

Bei Beurteilung der Üblichkeit kommen die gesamten Verhältnisse der Ehegatten, soweit sie überhaupt geeignet sind, das Leben der Ehegatten nach der wirtschaftlichen und gesellschaftlichen Seite hin zu beeinflussen, in Betracht.[1]) Hat die Frau während der Ehe Arbeit geleistet, obwohl dies nach den Verhältnissen, in denen die Ehegatten gelebt haben, nicht üblich ist, so ist sie nach der Scheidung der Ehe aus alleinigem Verschulden des Mannes zur Vornahme solcher Arbeiten nicht verpflichtet; arbeitet sie dennoch, so wird hiedurch ihr Unterhaltsanspruch nicht gemindert.[2])

b) Bedürftigkeit des unschuldigen Mannes liegt vor, wenn er außerstande ist, sich den standesmäßigen Unterhalt selbst zu verschaffen. Der Mann kann also von seiner früheren Frau Unterhalt nur beanspruchen, wenn er vermögenslos und erwerbsunfähig ist.[3]) Der Mann ist demnach ungünstiger gestellt als die Frau.[4]) Der Mann muß, ehe er den Unterhalt fordern kann, sein Stammvermögen völlig aufgezehrt haben; bei nur teilweiser Erwerbsfähigkeit tritt entsprechende Verminderung des Alimentenanspruchs ein.[5])

2. Leistungsfähigkeit des schuldigen Ehegatten.

Während nach § 1603 I gegenüber Verwandten überhaupt nicht unterhaltspflichtig ist, wer bei Berücksichtigung seiner sonstigen Verpflichtungen außerstande ist, ohne Gefährdung seines standesmäßigen Unterhalts die Alimentation zu gewähren, erleidet die Unterhaltspflicht des geschiedenen Ehegatten beim Vorhandensein dieser Voraussetzung grundsätzlich nur eine Einschränkung (§ 1579 I S. 1) [a], beim Hinzutreten der weiteren Voraussetzung des § 1579 II [b] kommt sie vollständig in Wegfall.[6])

a) Gemäß § 1579 I S. 1 ist der allein für schuldig erklärte Ehegatte, soweit er „bei Berücksichtigung seiner sonstigen Verpflichtungen"[7]) außerstande ist, ohne Gefährdung seines standesmäßigen Unterhalts dem anderen Ehegatten Unterhalt zu gewähren, berechtigt, von den zu seinem Unterhalte verfügbaren Einkünften zwei Dritteile[8]) oder, wenn diese zu seinem notdürftigen Unterhalte nicht ausreichen, soviel zurückzubehalten, als zu dessen Bestreitung erforderlich ist. Hiernach braucht der unterhaltspflichtige Ehegatte von den zu seinem und des

---

[1]) Urteil des RG. vom 18. Januar 1906, RGE. Bd. 62 S. 298.

[2]) Schmidt 3 b β; Jastrow, Das Recht der Frau S. 149; a. A. Davidson S. 124.

[3]) Erler, Ehescheidungsrecht § 33 N. 6.

[4]) Fischer-Henle N. 7 zu § 1578; Opet N. 3 zu § 1578; Cosack § 291 N. 22.

[5]) Davidson 125.

[6]) Staudinger N. 1 zu § 1579.

[7]) Dieser Zusatz ist im Interesse der Deutlichkeit gemacht. Begr. Bd. 4 S. 686 Abs. 1; Erler N. 7 zu § 33; cf. RG. vom 4. Mai 1903 JW. 1903 Beil. S. 88; KG. vom 4. Januar 1905, Rspr. des OLG. Bd. 10 S. 383 ff.

[8]) Es sollte ein fester Maßstab für die Fälle getroffen werden, in denen die tatsächlichen Verhältnisse eine Einschränkung des Unterhaltsanspruches verlangten N. 11 zu § 33 (Erler, Ehescheidungsrecht).

geschiedenen Ehegatten verfügbaren Einkünften nicht mehr als ein Dritteil abzugeben. Nur wenn er nicht einmal den eigenen notdürftigen Unterhalt infolge der Unterhaltsleistung an den geschiedenen Ehegatten decken könnte, entfällt seine Alimentationspflicht ganz, bzw. sie beschränkt sich auf denjenigen Betrag, welcher nach der Bestreitung des eigenen notdürftigen Unterhaltes übrig bleibt.[1]) Es ist die Frage aufgeworfen worden, ob der Unterhaltsschuldner eine Beschränkung seiner Unterhaltspflicht dann nicht verlangen dürfe, wenn er seinen eigenen standesmäßigen Unterhalt mit Hilfe seines Vermögensstammes decken könne. Will man nicht bereits den Ausdruck „Einkünfte" als entscheidend für die Verneinung der aufgeworfenen Frage betrachten, so geht diese Verneinung mit Sicherheit aus der Entstehungsgeschichte des Abs. 1 hervor. Darnach hat der Unterhaltsschuldner das Recht, auch dann ein Zurückbehaltungsrecht zu fordern, wenn er in der Lage sein würde, den Unterhaltsanspruch des anderen Ehegatten eventuell aus dem Stamm des Vermögens zu befriedigen.[2]) Zu den „Einkünften" gehört selbstverständlich auch der Arbeitsertrag, das Gehalt der Beamten einschließlich des Wohnungsgeldzuschusses und der sonstigen Dienstbezüge usw. Maßgebend ist für die Berechnung des Arbeitsertrages in letzter Linie nicht, was der Unterhaltspflichtige tatsächlich erwirbt, sondern was er bei genügender Anspannung seiner Kräfte zu erwerben imstande ist. Für die Frau wird jedoch unter entsprechender Anwendung des § 1578 I daran festzuhalten sein, daß Erwerb durch eigene Arbeit von ihr nur gefordert werden kann, wenn solcher nach den Verhältnissen, in denen die Ehegatten gelebt haben, üblich ist.[3])

b) Gemäß § 1579 II ist der allein für schuldig erklärte Mann der Frau gegenüber unter den Voraussetzungen des Abs. I S. 1 von der Unterhaltspflicht ganz befreit, wenn die Frau den Unterhalt aus dem Stamm ihres Vermögens bestreiten kann. Diese Vorschrift bedeutet eine Ausnahme von der Regel des § 1578 I, wonach die geschiedene Frau, wenn der Mann für allein schuldig erklärt ist, schon dann unterhaltsberechtigt ist, wenn sie ihren Unterhalt nicht aus den Einkünften bestreiten kann.[4]) Für die unterhaltspflichtige Frau ist ein entsprechendes Sonderrecht nicht statuiert: es bedarf eines solchen aber auch nicht, da der Mann schon nach den allgemeinen Grundsätzen seines nachehelichen Alimentationsanspruches einen solchen nicht geltend machen kann, wenn er den Unterhalt aus seinem Stammvermögen zu gewinnen vermag.[5])

Für den Fall, daß die Ehe von einer minderjährigen Frau ohne die erforderliche elterliche Einwilligung geschlossen (1305, 1661)

---

[1]) Planck N. 1 zu § 1579; Endemann § 167 N. 35.

[2]) cf. Prot. IV S. 523, 525 und zustimmend Davidson S. 131; Staudinger N. 1a; Fischer-Henle N. 5; Planck N. 1; Schmidt 2 α.

[3]) Erler S. 140; Davidson 133; Planck N. 5 und Schmidt N. 2d α zu § 1579.

[4]) Planck N. 4; Staudinger N. 1c zu § 1579.

[5]) Opet, Kommentar N. 2 zu § 1579.

und aus alleinigem Verschulden der Frau während ihrer Minderjährigkeit geschieden ist, kommt die beim wechselseitigen Alimentationsanspruch erörterte Bestimmung des § 1605, welche vom Einfluß der elterlichen Nutznießung auf die Unterhaltspflicht des Kindes handelt, nicht zur Anwendung (1580 III arg. e contr.).

II. Das Maß.

1. Das Maß des zu gewährenden Unterhalts ist im § 1578 dahin festgesetzt, daß der standesmäßige Unterhalt zu gewähren ist.[1]) Ausschlaggebend ist die Lebensstellung des Unterhaltsgläubigers.[2]) Fordert die geschiedene Frau Unterhalt, so bestimmt sich derselbe nach den Ansprüchen, die sie in dem Zeitpunkt, in welchem das Scheidungsurteil die Rechtskraft beschreitet[3]) (1564 Satz 3), als Ehefrau nach dem Stande, den Lebensgewohnheiten und dem Vermögen des Mannes vernünftigerweise an ihre Lebenshaltung stellen konnte. An späteren Änderungen der Stellung des Mannes nimmt die Frau nicht teil, da sie nicht mehr Ehefrau ist. Eine Besserung der Verhältnisse des Mannes bleibt deshalb für sie ebenso außer Betracht, wie (abgesehen von § 1579) eine Verschlechterung.[4])

2. Gemäß § 1580 III mit § 1611 Abs. I[5]) kann der unterhaltsberechtigte geschiedene Ehegatte, wenn er durch sein sittliches Verschulden bedürftig geworden ist, nur den notdürftigen Unterhalt beanspruchen. Als sittliches Verschulden im Sinne des § 1611 I wird regelmäßig Spiel, Trunksucht, Verschwendung,[6]) Arbeitsscheu udgl. zu erachten sein. Verarmung durch eigene Schuld ist nicht genügend; andererseits ist die Beschränkung nicht vom Vorliegen eines schweren sittlichen Verschuldens abhängig gemacht;[7]) auch ist nicht erforderlich, daß das Verschulden in einer gegen den Unterhaltspflichtigen gerichteten Handlung besteht.[8]) Zwischen Verschulden und Bedürftigkeit muß ein ursächlicher Zusammenhang bestehen.[9]) Unter „notdürftigem" Unterhalt begreift man die Gewährung lediglich derjenigen Mittel, die ohne Rücksicht auf die Lebensstellung gerade zur Fristung der Existenz hinreichen.[10])

---

[1]) Planck N. 4 zu § 1578.

[2]) Endemann § 167 N. 39.

[3]) cf. Neumann, N. 4; Planck N. 4 b; Schmidt N. 4 b β; Staudinger N. 3 b zu § 1580; Urteil des KG. vom 24. März 1903, Rspr. des OLG. Bd. 7 S. 108 f.; Urteil des OLG. Hamburg vom 24. April 1903, Rspr. des OLG. Bd 7 S. 109 und vom 30. Januar 1904, Recht 1904 S. 283; Urteil des RG. vom 1. Mai 1906 Recht 1906 S. 938.

[4]) S. OLG. Hamburg vom 24. April 1903 a. a. O.

[5]) Der § 1611 Abs. II findet auf den Unterhaltsanspruch des geschiedenen Ehegatten keine Anwendung; Staudinger S. 788.

[6]) Davidson S. 144.

[7]) Mot. IV, 700 f.

[8]) Hachenburg S. 61; Fischer-Henle N. 1.

[9]) RG. JW. 1902 S. 72.

[10]) Opet N. 5 zu § 1360.

III. Umfang des Unterhaltsanspruches.

Der standesmäßige Unterhalt umfaßt nach § 1580 III mit 1610 den gesamten Lebensbedarf.[1]) Darunter ist aber nur der persönliche Unterhalt des alimentationsberechtigten Ehegatten zu verstehen. Was dazu zu zählen ist, hängt von den Umständen des Einzelfalls ab. Vgl. im übrigen die obigen Ausführungen beim wechselseitigen Unterhaltsanspruch.

IV. Die Art der Unterhaltsgewährung.

1. Mit Rücksicht auf die infolge der Scheidung regelmäßig unter den Ehegatten eintretende Verfeindung und Entfremdung[2]) ist der Unterhalt dem geschiedenen Ehegatten stets durch Entrichtung einer Geldrente zu gewähren (§ 1580 I S. 1). Nach den für anwendbar erklärten Vorschriften des § 760 II S. 1 und III ist die von dem alimentationspflichtigen Ehegatten zu zahlende Geldrente für drei Monate voraus zu entrichten. Hat der unschuldige Ehegatte den Beginn eines solchen Vierteljahres erlebt, so gebührt ihm der volle auf diesen Zeitabschnitt entfallende Betrag.

2. Im Gegensatz zu § 1361 ist nach § 1580 I S. 2 Sicherheit zu leisten, wenn es die besonderen Umstände erfordern.[3]) In welcher Weise Sicherheit zu leisten ist, hat das Gericht nach freiem Ermessen zu bestimmen; einen Anhalt geben die §§ 232—240. Ist Verurteilung zur Entrichtung einer Geldrente erfolgt, hiebei aber nicht auf Sicherheitsleistung erkannt worden, so kann der unterhaltsberechtigte Ehegatte gleichwohl Sicherheit erlangen, wenn sich die Vermögensverhältnisse des Verpflichteten erheblich verschlechtert haben; unter der gleichen Voraussetzung kann er eine Erhöhung der in dem Urteile bestimmten Sicherheit verlangen (§ 324 ZPO.). Dagegen ist aus § 324 l. c. kein Recht des Verpflichteten zu entnehmen, wegen Verbesserung seiner Vermögensverhältnisse eine nachträgliche Entbindung von der Sicherheitsleistung oder deren Ermäßigung zu verlangen.[4])

3. Gemäß § 1580 II kann der Berechtigte (nicht aber der Verpflichtete[5]) statt der Rente eine Abfindung in Kapital verlangen, wenn ein wichtiger Grund vorliegt. Ob dies der Fall, entscheidet der Richter nach freiem Ermessen.[6]) Die Höhe der Abfindung richtet sich nach den jeweiligen Verhältnissen (vermutliche Lebensdauer des Berechtigten, mögliche Änderung in den beiderseitigen

---

[1]) cf. Erler, Ehescheidungsrecht § 33 N. 1.

[2]) Mot. IV, 618.

[3]) Erler, Ehescheidungsrecht § 33 S. 142; Müller-Meikel II S. 209; z. B. wenn zu befürchten ist, daß der Verpflichtete durch Verschwendung oder Spiel sein Vermögen gefährdet.

[4]) Ebenso Gaupp-Stein, Kommentar zur ZPO. N. II 2 zu § 324; Freudenthal ZPO. N. 4 zu § 324; a. A. Davidson S. 141; Eger 516, 563 f.

[5]) Fischer-Henle N. 4 zu § 1580.

[6]) z. B. Auswanderung, Unfähigkeit zur Sicherheitsleistung (Rspr. d. OLG. Bd 2 S. 440).

Erwerbsverhältnissen ꝛc.[1]) Die Abfindung kann auch verlangt werden, wenn der wichtige Grund erst eintritt, nachdem die Rente bereits eine Zeitlang geleistet wurde. Es können jedoch die früher gezahlten Renten auf die Abfindung nicht eingerechnet werden.[2]) Ihre Berücksichtigung findet dadurch statt, daß die für die Abfindung zugrunde zu legende Zeitdauer sich um die in der Vergangenheit liegende Zeit verkürzt.[2])

Abschnitt III.

Analoge Anwendung der Ehescheidungsvorschriften.

Die im Abschnitte I und II behandelten Vorschriften über den Unterhaltsanspruch des Ehegatten bei Scheidung der Ehe wegen Verschulden des anderen Teils finden auf eine Reihe verwandter Fälle analoge Anwendung.

I. Unterhaltsanspruch bei Scheidung der Ehe wegen Geisteskrankheit (§ 1583).

Ist die Ehe wegen Geisteskrankheit eines Ehegatten geschieden, so hat ihm der andere Ehegatte Unterhalt in gleicher Weise zu gewähren wie ein allein für schuldig erklärter Ehegatte (§ 1583). Da bei der wegen Geisteskrankheit nach § 1569 zulässigen Scheidung ein schuldiger Teil nicht vorhanden ist (§ 1574 I), war für diesen Fall eine besondere Bestimmung über die Unterhaltspflicht erforderlich. Der geisteskranke Ehegatte darf nicht durch das Unglück, welches ihn getroffen hat, nun auch noch des Alimentationsanspruches beraubt werden; der erbrechtlichen Aussichten geht er ohnehin verlustig.[3]) Der geistesgesunde Ehegatte kann sich nicht beklagen; denn die Ehescheidung hängt von ihm ab. Die Unterhaltspflicht des die Scheidung herbeiführenden Teils bestimmt sich nach §§ 1578—1582. Der Regel nach werden die Kosten für die standesmäßige Unterbringung in einer Irrenanstalt zu bezahlen sein.

II. Unterhaltsanspruch bei Aufhebung der ehelichen Gemeinschaft (§ 1586).

Mit der durch Richterspruch (1575) erfolgten Aufhebung der ehelichen Lebensgemeinschaft (1586), die den Inbegriff der durch die Eheschließung begründeten persönlichen Pflichten darstellt, fällt die gegenseitige Unterhaltspflicht der Ehegatten (1360, 1361) weg. Die Ehe wird durch die Aufhebung der ehelichen Gemeinschaft ihres materiellen Inhaltes beraubt,[4]) bleibt aber formell d. h. dem Bande nach bestehen.[5]) Deshalb ist auch die Eingehung einer

---

[1]) Planck N. 3 zu § 1580; Schmidt 3c zu § 1580.
[2]) Neumann N. 3c zu § 1580.
[3]) Prot. IV, 532; Rocholl, Eherecht S. 334.
[4]) Rocholl, Eherecht S. 341 ff.
[5]) Streitfrage: cf. die Literaturübersicht bei Staudinger zu § 1586.

neuen Ehe ausgeschlossen[1]) (1581 mit 1586). Die Bestimmung, daß die Ehe auch nach der Gemeinschaftsaufhebung den Vorschriften über die Nichtigkeit und Anfechtbarkeit einer Ehe unterliegt (1586 S. 2), deutet gleichfalls darauf hin, daß der Gesetzgeber die bisherige Ehe als nicht aufgelöst betrachtet hat (cf. 1338).[2]) Da jedoch im praktischen Ergebnis der durch die Aufhebung der ehelichen Gemeinschaft geschaffene Zustand dem der Scheidung sehr nahe kommt,[3]) und die Aufhebung der ehelichen Gemeinschaft nichts anderes als eine suspensiv bedingte Scheidung[4]) darstellt, so treten gemäß § 1586 S. 1 mit der Aufhebung der ehelichen Gemeinschaft die mit der Scheidung verbundenen Wirkungen ein, m. a. W. auf die Unterhaltsverpflichtung finden die §§ 1578 ff. analoge Anwendung. Die Wirkungen der Aufhebung der ehelichen Gemeinschaft fallen weg, wenn die eheliche Gemeinschaft nach Aufhebung wieder hergestellt wird[5]) (§ 1587). Die Unterhaltspflicht der Ehegatten bestimmt sich von der Herstellung der ehelichen Gemeinschaft ab nicht mehr nach den §§ 1578—1582, sondern nach den allgemeinen Grundsätzen der §§ 1360, 1361.[6])

III. Unterhaltsanspruch im Falle relativer[7]) Nichtigkeit oder Anfechtbarkeit der Ehe bei Gutgläubigkeit eines Ehegatten (§ 1345).

Da die Grundlage für die wechselseitige Unterhaltspflicht der Ehegatten das Bestehen einer gültigen Ehe bildet, so kann bei einer ungültigen, sei es nichtigen[8]) oder anfechtbaren[9]) Ehe, von einer Alimentationspflicht (1360, 1361) keine Rede sein. Ob für die Unterhaltsleistungen, die sich die Ehegatten einander gewährt haben, Ersatz begehrt werden kann, hängt davon ab, ob die Voraussetzungen der Bereicherungsklage vorliegen (812 ff.). Meistens wird wohl eine Rückforderung ausgeschlossen sein, weil die Unterhaltsleistung gemäß § 814 einer sittlichen Pflicht entsprach.[10])

1. a) Die Geltendmachung der Nichtigkeit einer Ehe ist regelmäßig nur im Wege der Nichtigkeitsklage (1329) zulässig. Erst wenn die Ehe durch rechtskräftiges Urteil für nichtig erklärt oder aber durch

---

[1]) Erler, Ehescheidungsrecht § 21 N. 4 und 10; Jacobi, Das persönliche Eherecht 104.

[2]) Meisner zu § 1586 und 1587 S. 216.

[3]) Neumann N. II zu § 1586.

[4]) Urteil des RG. vom 30. April 1901, RGE. 48 [148]; cf. auch P. IV, 417; Davidson 111; Planck Vorbem. IV, 3; Meisner Bem. zu § 1575; Fischer=Henle N. 2 zu § 1575.

[5]) Es tritt Gütertrennung ein. § 1587 mit 1426 ff., 1435.

[6]) Staudinger zu § 1587 N. III; Schmidt § 1587 N. 5 a α.

[7]) § 1345 II behandelt die absolute Nichtigkeit der Ehe; Erler a. a. O. § 2 N. 11, § 18 N 2.

[8]) Nichtigkeitsgründe §§ 1324—1328.

[9]) Anfechtungsgründe §§ 1331—1335.

[10]) Burmeister, Die Unterhaltspflicht der Ehegatten S. 10; Wieruszowski a. a. O. S. 68 N. 2.

Tod, Scheidung oder Wiederverheiratung im Falle der Todeserklärung (1348 II) aufgelöst worden ist, steht die Berufung auf die Nichtigkeit der Ehe den Eheleuten frei. Die Folge davon ist, daß bis zur formellen Aufhebung oder bis zur Auflösung die „dem äußeren Scheine nach bestehende"[1]) Ehe als gültig behandelt wird,[2]) demgemäß sich kein Ehegatte der Unterhaltspflicht aus §§ 1360, 1361 entziehen kann.[3])

b) Eine Abweichung von den aus der Nichtigkeit der Ehe sich ergebenden Folgen ist im Falle der Putativehe (§ 1345) vorgesehen d. h. wenn nur einer der beiden Ehegatten bei der Eheschließung[4]) Kenntnis von der Nichtigkeit der Ehe hatte.[5]) Auch hier ist die Ehe nichtig. Der gutgläubige Ehegatte hat aber das Recht, nach der Nichtigkeitserklärnng oder Auflösung der Ehe zu verlangen, daß ihr Verhältnis in vermögensrechtlicher Beziehung so behandelt wird, als ob die Ehe zur Zeit der Nichtigkeitserklärung oder der Auflösung geschieden und der Ehegatte, dem die Nichtigkeit bekannt war, für allein schuldig erklärt worden wäre (1345 I). Hieraus folgt, daß der bösgläubige Ehegatte dem anderen Teil den Unterhalt gemäß § 1578 ff. zu gewähren hat. Diese Alimentationsverpflichtung charakterisiert sich als eine „Nachwirkung der Ehe"; denn, wenn auch „rechtlich" eine solche nicht vorhanden war, so hat sie doch „tatsächlich" bestanden, ja der gutgläubige Ehegatte hielt sie sogar für rechtlich bestehend und sich daher eherechtlich für verpflichtet.[6]) Darum erscheint es der Billigkeit entsprechend, den gutgläubigen Ehegatten nicht ohne besonderen Schutz zu lassen und ihn lediglich auf die allgemeinen Grundsätze der Nichtigkeit oder des Schadensersatzes aus unerlaubten Handlungen (823 ff.) zu verweisen, zumal hier lediglich Ersatz des negativen Interesses verlangt werden könnte.[7]) Macht der gutgläubige Ehegatte von seinem Forderungsrechte keinen Gebrauch, so bleibt es bei den Folgen der Nichtigkeit. Da es sich darum handelt, dem gutgläubigen Ehegatten eine Wohltat zu erweisen, so darf die letztere demselben nicht aufgedrängt und gegenüber der Regel der Ausnahme nicht das Übergewicht zugestanden werden.[8]) Der bösgläubige Ehegatte kann den Berechtigten unter Bestimmung einer angemessenen Frist zur Erklärung darüber auffordern, ob er von dem Rechte des § 1345 Gebrauch mache. Die Folge dieser Aufforderung ist, daß das Recht nur bis zum Ablaufe der Frist ausgeübt werden kann (1347 II).[9])

---

[1]) Gegensatz zur Anfechtbarkeit § 1343; Erler, Ehescheidungsrecht § 2 N. 19.
[2]) Jacobi, Das persönliche Eherecht S. 46.
[3]) Ähnlich Fischer-Henle N. 1 zu § 1329.
[4]) Mala fides superveniens ist unschädlich; Kuhlenbeck § 1345 N. 3.
[5]) Erler a. a. O. § 18.
[6]) Sporleder, Unterhaltsanspruch S. 19.
[7]) Mot. IV, 71.
[8]) Mot. IV, 69.
[9]) cf. Fischer-Henle Nr. 1 zu § 1345; Schmidt N. 1 zu § 1345.

Haben sich beide Ehegatten bei einer nichtigen Ehe in gutem Glauben befunden, so treten ohne weiteres die Folgen der Nichtigkeit ein;[1]) das gleiche gilt, wenn beiden Teilen die Nichtigkeit der Ehe bekannt war.

2. a) Wird eine anfechtbare Ehe durch Klage (1341) oder nach § 1342 angefochten, so ist sie als von Anfang an nichtig anzusehen (1343 I S. 1, 142 I). Bis zur Anfechtung besteht die Ehe,[2]) sie leidet nur an einem Mangel, der dem dazu berechtigten Ehegatten die Möglichkeit der Anfechtung gewährt. Obwohl die Anfechtung schon durch die Klageerhebung erfolgt, kann die Nichtigkeit erst geltend gemacht werden, wenn sie durch Urteil ausgesprochen oder wenn die Ehe vorher aufgelöst ist.[3])

b) Die dem gutgläubigen Ehegatten in § 1345 I eingeräumte Befugnis ist nach § 1346 S. 1 dem Ehegatten gewährt, der durch Drohung zur Eheschließung veranlaßt worden ist und deshalb die Ehe mit Erfolg angefochten hat. Dies Recht steht ihm auch dann zu, wenn er bei der Eheschließung wußte, daß die Ehe wegen Drohung anfechtbar sei.

c) Wird eine wegen Irrtums anfechtbare Ehe für nichtig erklärt, so sind dem von der Anfechtung betroffenen Ehegatten die gleichen Rechte eingeräumt, wie, wenn dem anderen Teile die Anfechtbarkeit bekannt gewesen wäre (§§ 1345 I, 1346 S. 2). Es beruht diese Bestimmung auf dem dem § 122 entsprechenden Gedanken, daß, wer sich bei einer Willenserklärung irrt, es auf eigene Gefahr tut.[4]) Auch bei dem Abschluß einer Ehe muß sich jeder sagen, daß der andere Teil auf die vor dem Standesbeamten abgegebene Erklärung sich verläßt; der Irrende darf sich deswegen nicht beklagen, wenn er für den Fall, daß er die Ehe wegen Irrtums anficht, den andern Teil in gleichem Umfang entschädigen muß, als hätte er die Anfechtbarkeit bei dem Abschlusse der Ehe gekannt.[5]) Die Unterhaltsverpflichtung des Irrenden tritt jedoch nach § 1346 S. 2 dann nicht ein, wenn der andere Teil den Irrtum bei der Eheschließung kannte oder kennen mußte, d. h. infolge von Fahrlässigkeit nicht kannte[6]) (§§ 276, 122 II).

IV. Unterhaltsanspruch bei Auflösung einer nach Todeserklärung des früheren Ehegatten geschlossenen Ehe (1351).

Bei Wiederverheiratung im Fall der Todeserklärung wird den beiden Ehegatten der neuen Ehe (nicht auch dem für tot Erklärten), um ihren gerechtfertigten Gewissensbedenken Rechnung zu tragen, im

---

[1]) Begr. Bd. 4 S. 67, 68; Erler § 18 N. 4.

[2]) Gegensatz zur nichtigen Ehe § 1329; Erler, Ehescheidungsrecht § 2 N. 22; Dernburg § 22 N. VIII.

[3]) Fischer-Henle N. 5 zu § 1343

[4]) cf. Neumann § 1346 N. 2.

[5]) Prot. IV S. 93.

[6]) Schmidt zu § 1346 N. 2; Fischer-Henle N. 3 zu § 1346; Erler § 18 N. 6

§ 1350 ein Anfechtungsrecht gegeben.[1]) Für dieses Anfechtungsrecht gilt auch der mehrerwähnte § 1345. Es kann der Ehegatte, welcher von dem Leben des Verschollenen keine Kenntnis hatte, von dem anderen Ehegatten, wenn dieser hiervon wußte, verlangen, daß die Alimentationsverpflichtung nach den Grundsätzen des Scheidungsrechts behandelt wird.[2])

Eine Ausnahme von dieser Regel macht der § 1351 für den Fall, daß der Ehegatte der früheren Ehe die neue Ehe auf Grund des § 1350 anficht. Hienach ist der zurückgebliebene Ehegatte, der sich wieder verheiratet, gegenüber dem anderen Ehegatten der neuen Ehe, wenn dieser nicht etwa bei der Eheschließung wußte, daß der für tot erklärte Ehegatte die Todeserklärung überlebt hat, in gleicher Weise alimentationspflichtig, wie der bei der Scheidung für allein schuldig erklärte Ehegatte gegenüber dem unschuldigen[3]) (1578—1582).[4]) Die Unterhaltsgewährung rechtfertigt sich als eine Nachwirkung der Ehe; der andere Ehegatte hat sich bei Eingehung der Ehe darauf verlassen, daß die Ehe rechtlichen Bestand habe und nur durch den Tod gelöst werde; sohin wäre es unbillig, die Sache so zu behandeln, als hätte nie eine Ehe bestanden.[5])

Kapitel IV.

Verhältnis des ehelichen Unterhaltsanspruches zu dem der Verwandten.

Bereits in bisheriger Darstellung über die Alimentationspflicht der Ehegatten wurde auf den Unterhaltsanspruch der Verwandten, welcher auf dem durch die Einheit des Blutes und die Bande der Familie hervorgerufenen natürlichen und sittlichen Verhältnisse beruht[6]) in vergleichender Gegenüberstellung Rücksicht genommen; nunmehr gilt es, das Konkurrenzverhältnis der beiden Unterhaltsansprüche klarzulegen. Geht ein Verwandter eine Ehe ein, so können gleichzeitig Verwandte und Ehegatten sittlich verpflichtet sein, ihm den Unterhalt zu gewähren. Aufgabe des Gesetzgebers ist es, die mehreren sittlichen Pflichten gegeneinander abzuwägen, um die höhere sittliche Pflicht zur Rechtspflicht zu erheben.[7])

---

[1]) Neumann N. I zu § 1350; Erler § 19 S. 74.
[2]) Planck N. 1 zu § 1351.
[3]) Staudinger N. 1 zu § 1351.
[4]) Erler a. a. O. § 19 N. 33 und § 33.
[5]) Prot. IV, 535.
[6]) cf. Staudinger vor § 1601 N. 2.
[7]) Lotz, Unterhaltsanspruch der Ehegatten S. 83.

I. Vorausshaftung des Ehegatten oder früheren Ehegatten.

1. Der Unterhaltsanspruch, welcher einem Bedürftigen auf Grund des § 1360, 1361 gegen seinen Ehegatten zusteht, kann mit dem ihm gegen seine Verwandten gemäß § 1601 ff. zustehenden Anspruch konkurrieren. Der § 1608 I S. 1 regelt das Verhältnis der mehreren Unterhaltsansprüche dahin, daß der Ehegatte des Bedürftigen vor dessen Verwandten haftet. Daß der Mann gegenüber der Frau vor ihren Verwandten haftet, folgt schon daraus, daß der Unterhaltsanspruch der Frau gegen den Mann nicht durch ihre Bedürftigkeit bedingt ist (1360 I) und die Verwandten der Frau nach § 1602 I erst unterhaltspflichtig sind, falls das Vermögen der Frau zu ihrem Unterhalte nicht ausreicht. Die Unterhaltspflicht der Frau gegenüber dem Manne ist allerdings nur eine subsidiäre (1360 II); allein mit Rücksicht auf das nahe Verhältnis der Ehegatten wird auch die Frau gegenüber dem Manne vor dessen Verwandten für haftbar erklärt.[1]) Anders liegt die Sache dann, wenn der Ehegatte bei Berücksichtigung seiner „sonstigen Verpflichtungen" (z. B. der ihm seinen Kindern gegenüber obliegenden Unterhaltspflicht)[2]) außerstande ist, ohne Gefährdung seines standesmäßigen Unterhalts den Unterhalt zu gewähren; in diesem Falle haften die Verwandten vor dem Ehegatten (1608 I S. 2). Da hier der die Alimentation gewährende Verwandte nicht eine fremde, sondern seine eigene Verbindlichkeit erfüllt, steht ihm ein Regreßanspruch gegen den leistungsunfähigen Ehegatten nicht zu.[3]) Auch im Verhältnisse des unterhaltspflichtigen Ehegatten zu den unterhaltspflichtigen Verwandten steht der Leistungsunfähigkeit des an sich Verpflichteten der Umstand gleich, daß die Rechtsverfolgung gegen ihn im Inland ausgeschlossen oder erheblich erschwert ist. Der Anspruch des unterhaltsberechtigten Ehegatten geht in diesem Falle auf den Verwandten über, der an Stelle des nicht oder schwer belangbaren Ehegatten die Alimentation gewährt; der Übergang kann nicht zum Nachteile des unterhaltsberechtigten Ehegatten geltend gemacht werden (§§ 1608 I S. 3, 1607 II).[4])

2. Genannte Vorschriften finden nach § 1608 II auch dann Anwendung, wenn der Bedürftige gegen seinen früheren Ehegatten im Falle der Scheidung (1578), der Aufhebung der ehelichen Gemeinschaft (1586), der Putativehe (1345) oder der Auflösung der Ehe durch Wiederverheiratung nach erfolgter Todeserklärung (1348 II, 1351) unterhaltsberechtigt ist (cf. auch § 1607 mit 1580 III).[5])

---

[1]) Mot. IV, 689, P. IV, 485.

[2]) Staudinger N. 2 zu 1608.

[3]) Ebenso Planck N. 3 zu § 1608; Wieruszowski S. 109 ff.; Blume N. 3; a. A Neumann N. 2.

[4]) cf. Staudinger, N. 6 zu § 1607; Wieruszowski S. 118; Opet S. 118 ff

[5]) Daraus, daß der Abs. 3 des § 1580 den ganzen § 1607, der Abs. 1 des § 1608 aber nur den Abs. 2 des § 1607 für anwendbar erklärt, folgt keine sachliche Verschiedenheit. Denn der Abs. 1 des § 1607 ist im § 1608 lediglich deshalb nicht angeführt, weil sein Inhalt sachlich im § 1608 I S. 2 wiedergegeben ist (cf. Ubbelohde in JheringsJ. 38 S. 214).

II. Verhältnis bei Zusammentreffen eines Ehegatten oder früheren Ehegatten mit bedürftigen Verwandten des Verpflichteten.

1. Der Unterhaltsanspruch des Ehegatten steht nach § 1609 II S. 1 dem der minderjährigen unverheirateten Kinder gleich; er geht also den volljährigen und den minderjährigen verheirateten[1]) oder verheiratet gewesenen Kindern sowie den übrigen Verwandten vor, so daß diese den Unterhalt nur fordern können, wenn und soweit der Unterhalt des Ehegatten gedeckt ist. Diese Regelung rechtfertigt sich einerseits mit Rücksicht darauf, daß es einem normalen Familienverhältnisse entspricht, wenn das Vermögen und der Erwerb eines Ehegatten, soweit nötig, zum gemeinschaftlichen Unterhalt des anderen Ehegatten und seiner noch minderjährigen unverheirateten Kinder verwendet wird, andererseits mit Rücksicht darauf, daß das die Ehegatten verknüpfende Band näher und enger ist, als das der sonstigen Verwandten.[2]) Reicht das, was seitens des Mannes für den eigenen Unterhalt und für den der Frau und der minderjährigen Kinder aufgewendet werden kann, nicht aus, um den Unterhalt dieser sämtlichen Personen zu decken, so müssen sie sich sämtlich einschränken (1360 I, 1603 II).[3]) Konkurrieren außer dem Ehegatten und minderjährigen unverheirateten Kindern auch volljährige oder für volljährig erklärte oder verheiratete Kinder oder entferntere Verwandte des Unterhaltspflichtigen, so soll nach Lehmann II § 204 Z. 2 der Ehegatte den Unterhalt soweit fordern können, als er ihm neben den minderjährigen unverheirateten Kindern gezahlt werden kann, während diese mit den übrigen Abkömmlingen teilen müssen.[4]) Mit Recht macht aber Planck N. 4 Abs. 2 hiergegen geltend, daß in diesem Falle der Ehegatte den volljährigen oder für volljährig erklärten oder verheirateten Kindern oder entfernteren Verwandten gegenüber gemäß § 1603 I überhaupt nicht unterhaltspflichtig ist, weil er bei Berücksichtigung seiner sonstigen Verpflichtungen (wozu auch die Unterhaltspflicht gegenüber seinem Ehegatten und seinen minderjährigen unverheirateten Kindern gehört) außerstande ist, ohne Gefährdung seines standesmäßigen Unterhalts die Alimentation zu gewähren.[5])

2. Die gleichen Grundsätze gelten bei Aufhebung der ehelichen Gemeinschaft, im Falle relativer Nichtigkeit oder Anfechtbarkeit der Ehe bei Gutgläubigkeit eines Ehegatten und im Falle des § 1351 (§ 1609 II Satz 2).

---

[1]) cf. Fischer-Henle N. 4 zu § 1609.
[2]) Mot. IV, 688.
[3]) Planck N. 4 zu § 1609; Staudinger N. 3a zu § 1609.
[4]) Ebenso Blume N 3b und Staudinger II. Auflage.
[5]) Staudinger zu § 1609 N. 3c.

III. Konkurrenz des Unterhaltsanspruchs des geschiedenen Ehegatten mit den Unterhaltsansprüchen minderjähriger unverheirateter Kinder oder eines neuen Ehegatten (1579 I S. 2).

1. Hat der allein für schuldig erklärte Ehegatte einem minderjährigen unverheirateten Kinde oder einem neuen Ehegatten Unterhalt zu gewähren, so ist, wenn und soweit er bei Berücksichtigung seiner sonstigen Verpflichtungen außerstande ist, ohne Gefährdung seines standesmäßigen Unterhalts sowie des standesmäßigen Unterhalts des Kindes und des neuen Ehegatten der Verpflichtung gegenüber dem früheren Ehegatten zu genügen, die Regelung der Unterhaltspflicht in das billige Ermessen des Richters gestellt.[1]) Es ist demgemäß nicht richtig, zu sagen, daß der geschiedene Ehegatte dem späteren Ehegatten und den minderjährigen unverheirateten Kindern nachstehe.[2]) Eine feste Regel ist im Gesetz mit Absicht nicht aufgestellt. Die Regelung hat unter Berücksichtigung der Bedürfnisse sowie der Vermögens- und Erwerbsverhältnisse[3]) der sämtlichen Beteiligten (also auch des Kindes und des neuen Ehegatten) zu erfolgen. Dies kann unter Umständen dazu führen, daß der Unterhaltsanspruch des geschiedenen Ehegatten ganz in Wegfall kommt.[4]) Der Abs. 1 S. 2 findet keine Anwendung, wenn mit dem geschiedenen Ehegatten ein minderjähriger unverheirateter Enkel konkurriert.[5]) Auch § 1603 II beschränkt die Sondergestaltung der Unterhaltspflicht auf die Kinder.[6]) Die gemäß Abs. 1 S. 2 ergehende richterliche Festsetzung (bei der dem Unterhaltsschuldner der notdürftige Unterhalt unbedingt belassen werden muß), entscheidet unter Berücksichtigung der besprochenen Verhältnisse nur über die dem geschiedenen Ehegatten zu gewährenden Unterhaltsbeträge. Ist diese Entscheidung ergangen, so bestimmt sich die Verwendung der (nach Abzug dieser Beträge verbleibenden) Einkünfte des Unterhaltsschuldners zu Unterhaltszwecken nach den allgemeinen Regeln[7]) (cf. 1360; 1601, 1602, 1603 II, 1609 I).

2. Ist der unterhaltsberechtigte Mann bei Berücksichtigung seiner sonstigen Verpflichtungen außerstande, ohne Gefährdung seines standesmäßigen Unterhalts im Falle einer Konkurrenz gemäß § 1579 I S. 2 allen Unterhaltsberechtigten Unterhalt zu gewähren, so ist die ge-

---

[1]) Davidson 134; Planck N. 2; Opet N. 1b; Schmidt 1c: Urteil des RG vom 4. Mai 1903 JW. 1903 S. 88; Urteil des KG. vom 4. Januar 1905, Rspr. des OLG. Bd. 10 S. 383 ff.

[2]) Erler a. a. O S. 143; cf. E. I § 1483 Abs. 3; Prot IV S. 485, 530 f.

[3]) cf. RGE. vom 27. November 1902, Recht 1903 S. 155.

[4]) RG. vom 11. April 1901, RGE. Bd. 48 S. 112 und vom 8. Februar 1904, JW. 1904 S. 176 ff.

[5]) Ebenso Planck N. 2; Staudinger N. 1 b; a. A. Fischer-Henle N. 7 zu § 1579.

[6]) S. Mot. IV S. 686.

[7]) Ebenso Planck N. 2 Abs. 1 a. E.; Wieruszowski S 91 N. 69; Schmidt N. 3cγ zu § 1579.

schiedene Frau nicht unterhaltsberechtigt, solange sie noch zu ihrem Unterhalt verwendbaren Vermögensstamm besitzt[1]) (1579 II, cf. 1578).

IV.

Von dem Einfluß des sittlichen Verschuldens auf den Unterhaltsanspruch des berechtigten Teils (1580 III, 1611 I) war bereits früher die Rede. Hier möge noch nachgetragen werden, daß der Bedürftige wegen der eintretenden Beschränkung auf den notdürftigen Unterhalt nicht die subsidiär haftenden Verwandten in Anspruch nehmen kann (1611 III). Dies ergibt sich daraus, daß auf den Unterhaltsanspruch des geschiedenen Ehegatten gegen seine Verwandten die Vorschriften des § 1601 ff. unmittelbar Anwendung finden.[2])

Kapitel V.

Prozessuale Geltendmachung des Unterhaltsanspruches.

I.

Es besteht Streit darüber, ob der Unterhaltsanspruch der Ehegatten während der Ehe mit der Klage auf Herstellung des ehelichen Lebens[3]) in dem für Ehesachen vorgeschriebenen Prozeßverfahren[4]) oder mit der gewöhnlichen Klage im ordentlichen Verfahren geltend zu machen sei. Wenngleich sich die wechselseitige Alimentationsverbindlichkeit ihrem Grund und Wesen nach als ein Ausfluß der persönlichen Rechtsbeziehungen[5]) der Ehegatten charakterisiert und sohin an die Zulässigkeit der Klage auf Herstellung des ehelichen Lebens gedacht werden könnte, welche ja gerade für die Verletzung der aus dem familienrechtlichen Verhältnis der Ehegatten hervorgehenden Pflichten[6]) bereitgestellt ist, so wird man sich doch der Tatsache nicht verschließen dürfen, daß die Unterhaltsverpflichtung nur auf dem Gebiet des Vermögensrechtes in die Erscheinung tritt und daß ihr Gegenstand nur eine vermögensrechtliche Leistung ist,[7]) und wird demgemäß mit der herrschenden Meinung[8]) annehmen, daß nur die gewöhnliche Leistungsklage statthaft ist.

---

[1]) cf RG. vom 1. Dezember 1904 (PucheltsZ. 36 S. 445; OLG Darmstadt vom 3. März 1905 (Hess. Rspr. 1905 S. 34); KG. vom 4. Januar 1905, Rspr. des OLG. Bd. 10 S. 283 f.

[2]) Planck § 1580 N 3b; § 1611 N. 5; Staudinger N 3c zu § 1580; Davidson S 144.

[3]) cf. Staudinger, Vorbem. zu § 1353 N. VIII; Eichhorn, Die Rechtsbehelfe in Ehesachen BlfRA. Bd. 71 S. 301 ff.

[4]) cf. Dernburg a. a O § 5 BlfRA. 1908 S. 20 ff., 74 ff.

[5]) Art. 14, 199 EG. z. BGB. Mot. IV, 123, 126.

[6]) cf. Planck vor § 1353 N. 5, Mot IV, 108; Staudinger N. 8 zu § 1360.

[7]) cf. Planck N. 5 vor § 1353.

[8]) Planck a. a. O.; Gaupp-Stein ZPO II N. III zu § 606; Seuffert ZPO. II § 606 II 2g; Schmidt S 147; Struckmann-Koch ZPO. S. 720; Unzner S. 80; Endemann BGB. § 171 N. 7.

Würde man „in der Theorie" die Klage auf Herstellung des ehelichen Lebens zulassen, so könnte mit ihr nicht nur nach § 1360 auf „Unterhalt in der durch die häusliche Gemeinschaft gebotenen Weise",[1]) sondern auch bei Trennung der Ehegatten gemäß § 1361 auf „Unterhaltsgewährung schlechthin" geklagt werden,[2]) weil bei Verletzung der Alimentenverpflichtung die „Wiederherstellung" jenes Verhaltens des Ehegatten, das den Anforderungen eines richtigen Ehelebens entspricht, also der „ehelichen Lebensgemeinschaft" verlangt werden könnte. Allein „in der Prozeßpraxis", worauf es doch hier ankommt, versagt die Klage auf Herstellung des ehelichen Lebens aus folgenden Gründen:

Da die Klage auf Herstellung des ehelichen Lebens zu den „Ehesachen" (606 I ZPO.) gehört, so wäre sie nach § 704 II ZPO.[3]) nicht vorläufig vollstreckbar[4]) — ein Ergebnis, das mit § 708 Ziff. 6 in direktem Widerspruche steht, wonach Urteile, welche die Verpflichtung zur Entrichtung von Alimenten[5]) aussprechen, für vorläufig vollstreckbar zu erklären sind, soweit die Entrichtung für die Zeit nach Erhebung der Klage und für das vorausgehende Vierteljahr zu erfolgen hat. Auch eine beschränkte[6]) Zwangsvollstreckung nach § 888 II ZPO. würde ausgeschlossen sein.[7]) Das rechtskräftige Urteil könnte also lediglich einen moralischen Einfluß[8]) auf den Verurteilten ausüben; ob damit aber der Klagezweck erreicht würde, ist mehr als fraglich. Dazu kommt, daß der geschäftsunfähige Ehegatte den Unterhalt nach § 612 II S. 2 überhaupt nicht klageweise geltend machen könnte.[9])

Nach Gaupp-Stein[10]) und Seuffert[11]) stellt der Alimentenanspruch keine Ehesache dar und kann demgemäß auch nicht mit der Klage auf Herstellung des ehelichen Lebens geltend gemacht werden. Das Reichsgericht[12]) hat sich gleichfalls dahin ausgesprochen, daß die Klage der Frau gegen den Mann auf Bezahlung von Alimentengeldern nicht zu den Ehesachen gehört.

Daraus ergibt sich als weitere Folge, daß für die Alimentenklage der § 612 ZPO. unanwendbar ist, nach dessen Absatz I Halbsatz 1 „in Ehesachen" ein in der Geschäftsfähigkeit beschränkter Ehegatte[13]) Prozeßfähigkeit besitzt. Wenngleich dieses Resultat eine Härte im Hinblick auf den höchstpersönlichen Charakter des Unterhaltsanspruches bedeutet und die Gefahr eines Mißbrauches der Vertretungsmacht.

---

[1]) Staudinger N. 8 zu § 1360; cf. Wieruszowski S. 128.
[2]) cf Opet N. 7 b zu § 1360.
[3]) Gaupp=Stein N. II zu § 704.
[4]) cf. auch Lotz, Unterhaltsanspruch S. 92.
[5]) § 1360 f., 1578 f.; Gaupp=Stein II N. II, 6 und N. I, 3 zu § 708.
[6]) Freudenthal ZPO. N. 4 zu 704.
[7]) Cosack § 291 N. 32.
[8]) cf. Dernburg § 3 N. 7.
[9]) Endemann N. 39 § 166; cf. P. IV, 100; dagegen Mot. IV, 110.
[10]) Gaupp=Stein N. III, 6 vor § 606.
[11]) Seuffert § 606 II 2 g.
[12]) RGE. vom 18. Oktober 1894 (RG. 34 [370]); RG. vom 9. November 1900 DJZ. 1901 Bd 6 S 98.
[13]) §§ 106—111, 114 BGB.

gegen den mutmaßlichen Willen des Ehegatten in sich birgt,[1]) so muß man doch auf die Regel des § 52 I l. c. zurückgreifen, wonach eine Person nur insoweit prozeßfähig ist, als sie sich durch Verträge verpflichten kann. Für den prozeßunfähigen Ehegatten darf nur dessen gesetzlicher Vertreter[2]) in der mündlichen Verhandlung auftreten, außerhalb derselben Anträge stellen, einen Prozeßbevollmächtigten ernennen;[3]) die Prozeßfähigkeit ist Voraussetzung der Wirksamkeit der Prozeßhandlung (§§ 56, 274 II N. 7 a. a. O.). Übrigens kann Genehmigung die Parteihandlungen eines Prozeßunfähigen und dadurch auch die darauf beruhenden gerichtlichen Handlungen mit rückwirkender Kraft wirksam machen; denn nach § 551 N. 5 und § 579 I Nr. 4 l. c. ist bei Genehmigung die Revision und die Nichtigkeitsklage wegen des Mangels der gesetzlichen Vertretung ausgeschlossen.[4])

2. Die Klage auf Unterhaltsgewährung nach § 1578 ff. erfolgt gleichfalls im ordentlichen Verfahren.[5]) Ihre Erhebung ist erst nach Rechtskraft des Scheidungsurteils zulässig.[5]) Eine Verbindung der Unterhaltsklage mit der Scheidungsklage ist ausgeschlossen[6]) (§ 615 ZPO.). Die Zulassung einer solchen Verbindung ist weder durch ein Bedürfnis geboten, noch mit Rücksicht auf die dadurch unter Umständen veranlaßte Verzögerung des Scheidungsprozesses und das für die Scheidungsklage geltende besondere Verfahren zweckmäßig.[7]) Ausgeschlossen ist auch eine während des Schwebens des Scheidungsprozesses selbständig erhobene Klage auf Leistung von Unterhalt für den Fall, daß die Ehe geschieden und der Mann für den allein schuldigen Teil erklärt werden sollte.[8]) Während des Scheidungsprozesses sind die Bestimmungen der §§ 1360, 1361 (cf. 627 ZPO.) maßgebend.[9])

II.

Für die Beweislast gilt im allgemeinen während bestehender Ehe der Grundsatz, daß die den Unterhalt ansprechende Frau die Angemessenheit ihrer Forderung nach Umfang und Gewährungsmodus, der den Unterhalt beanspruchende Mann auch seine Bedürftigkeit darzutun hat. Daß der Unterhalt nur als notdürftiger zustehe, hat der Unterhaltsschuldner zu beweisen.[10]) Nach Scheidung der

---

[1]) cf. Gaupp-Stein § 612 N. I; cf. Petersen ZPO. § 612 N. 1.

[2]) §§ 1630, 1635 II, 1676; 1684 ff.; 1773, 1793, 1897, 1906; 1909—1914 BGB.

[3]) Freudenthal a. a. O. § 52 N. 1.

[4]) Bayer. OLG. Seuff. Arch. 47 N. 95, OLG. Jena eod. 54 N. 111; Seuffert ZPO. § 56 N. 1 b.

[5]) Schmidt § 1578 N. 5 b.

[6]) RG. vom 8. Oktober 1881, RG. Bd. 5 S. 415; Kuhlenbeck § 1578 N. 3.

[7]) Mot. IV, 620.

[8]) S. OLG Celle vom 2. Juli 1902, Recht 6 S. 435.

[9]) cf. hiezu RG. vom 2. Juli 1883 (Gruchots Beitr. 27 S. 861) und vom 21. September 1885; OLG. Dresden vom 7. April 1902, Rspr. des OLG. 5 S. 125.

[10]) Opet Kommentar N. 17 zu § 1360.

Ehe hat die klagende Frau die Angemessenheit ihres Unterhaltsverlangens durch Darlegung der Verhältnisse, in denen sie bei Beginn des Scheidungsverfahrens lebte, des Nichtzureichens ihrer Einkünfte und ihres Arbeitsertrages, der klagende Mann die Berechtigung seiner Unterhaltsforderung durch den Nachweis seiner Vermögenslosigkeit und Erwerbsunfähigkeit, jeder Ehegatte das Vorhandensein des den andern Ehegatten allein für schuldig erklärenden Urteils darzutun.[1])

III.

Die Unterhaltserfüllung wird vom Gesetzgeber dadurch begünstigt, daß gewisse Beschränkungen der Zwangsvollstreckung gegenüber dem Alimentationsanspruch nicht Platz greifen:[2]) (cf. 850 IV S. 2, 3 ZPO. RG. betr. die Beschlagnahme des Arbeits- oder Dienstlohnes § 4a; 56 II KVG. § 96 I N. 2 GUVG. § 102 I N. 2 LFUVG. § 37 I BUVG. § 100 I N. 2 LUVG. § 55 I N. 2 InvalVG.). Der Förderung[3]) des Unterhalts dienen ferner die Vorschriften der §§ 850 I N. 3, 861 I S. 2, 863 I S. 1 ZPO. (cf. auch §§ 519 I, 528 I S. 1, § 529 II, 829 BGB.).[4])

IV.

Was die Kostenfrage betrifft, so sei auf die Bestimmung des § 9a II GerichtskostenG. vom $\frac{\text{18. Juni 1878}}{\text{20. Mai 1898}}$ verwiesen,[5]) wonach bei Ansprüchen auf Alimente, welche auf gesetzlicher Vorschrift beruhen, der Wert des Rechtes auf die wiederkehrenden Leistungen, falls nicht der Gesamtbetrag der geforderten Leistungen geringer ist, auf den fünffachen Betrag des einjährigen Bezugs berechnet wird.[6])

---

[1]) Blume-Opet N. 13 zu § 1578; cf. Endemann § 167 S. 271.
[2]) Staudinger vor § 1601 N. 10 h (α—γ); Planck vor § 1601 N. VII, 4
[3]) Planck vor § 1601 N. V 1 c.
[4]) Opet, Kommentar N. 8 zu § 1360; Opet, Verwandtschaftsrecht S. 104.
[5]) Staudinger vor § 1601 N. 8.
[6]) Über die Anwendbarkeit dieser Vorschrift auf den Fall vertragsmäßiger Festsetzung des Unterhalts s. BlfRA. Bd. 72 S. 336 f.

FSC
www.fsc.org
MIX
Papier | Fördert
gute Waldnutzung
FSC® C083411

Kolibri 360 GmbH
Ferdinand-Jühlke-Straße 7
99095 Erfurt, Deutschland
produktsicherheit@kolibri360.de